Flower A. Newhouse: Lichtwesen

Flower A. Newhouse

Lichtwesen

Aquamarin Verlag

Titel der amerikanischen Originalausgabe:
»The Kingdom of the Shining Ones«

© The Christward Ministry,
Escondido, Kalifornien

Übersetzung aus dem Amerikanischen:
Petra Michel

Das Titelbild wurde nach Angaben von Flower A. Newhouse
von Jonathan Wiltshire gemalt.

2. Auflage 1992
© Aquamarin Verlag
Voglherd 1 · D- 8018 Grafing

Herstellung: P & P Lichtsatz GmbH, Grafing

ISBN 3-922936-30-X

Inhaltsverzeichnis

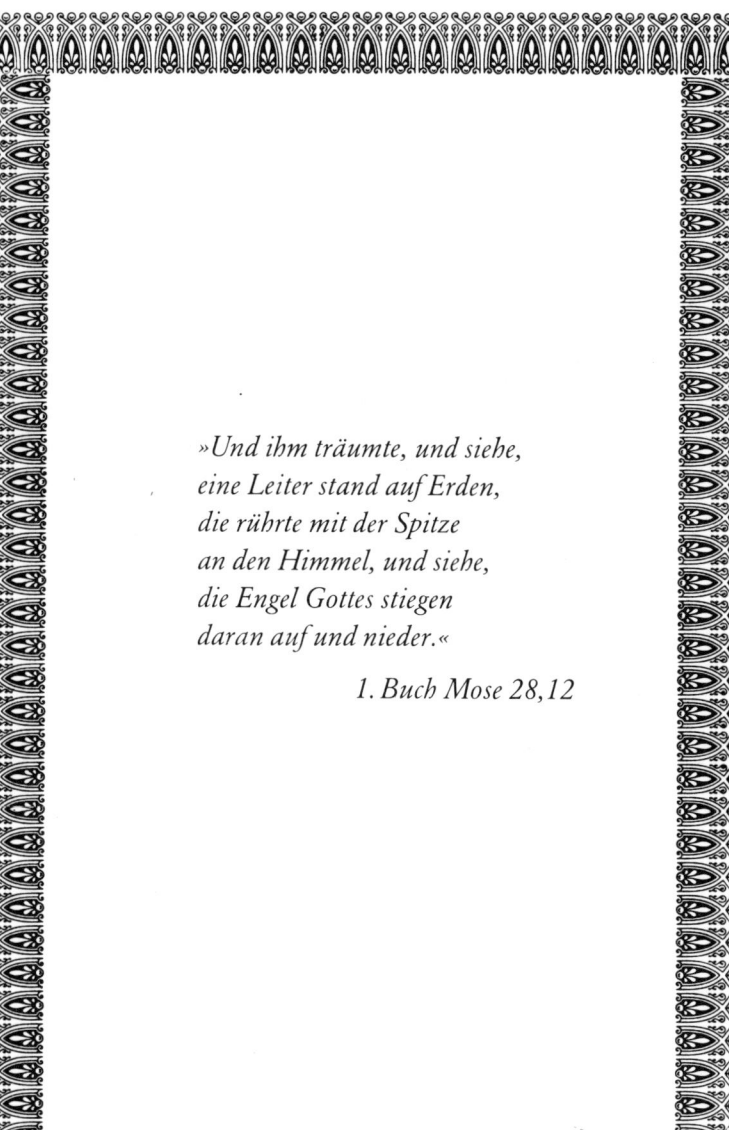

»*Und ihm träumte, und siehe,
eine Leiter stand auf Erden,
die rührte mit der Spitze
an den Himmel, und siehe,
die Engel Gottes stiegen
daran auf und nieder.*«

1. Buch Mose 28,12

Vorwort

Im Alten und Neuen Testament wurden Engel als Boten Gottes betrachtet. Zahlreich sind die Berichte über ihre Verkündigungen, Anweisungen, rettenden Hilfestellungen und Segnungen. Seit dem Ersten Konzil von Nicäa, im Jahre 325 n. Ch., wurden der Christenheit keine Lehren mehr zuteil, diese selbstlosen Helfer betreffend. Die geistige Schönheit der Engel, ihre Geschenke und Werke sind so erhaben, daß die frühen Väter der Christenheit fürchteten, die Menschen könnten den Engeln mehr Aufmerksamkeit widmen als Christus; aus diesem — und vielleicht auch anderen — Gründen verwarfen sie einen beträchtlichen Anteil der Zeugnisse, die diese ätherischen Wesen und ihre himmlischen Regionen betreffen.

Die Engel dienen Christus und verehren Ihn, ebenso wie wir es tun. Sie streben nicht nach unserem Respekt oder gar unserer Verehrung, denn sie betonen, daß diese allein dem Allmächtigen Gott gebühren. Wir sollten uns bewußt machen, daß, obwohl die meisten orthodoxen Kirchen die Engel weder erwähnen, noch ihnen einen Gedanken widmen, "sie beständig gegenwärtig sind und der Menschheit dienen". Ihr Sein ist eine ewige Wahrheit. Wenn wir uns vor Augen halten, wie weit die Wirklichkeit, die uns umgibt, über die buchstabengetreue Auslegung der Bibel hinausgeht, schwingen wir uns in das Reich der Engel ein, welches uns immer nahe ist.

Einige Christen stehen auf dem Standpunkt, daß die Engel zu den Zeiten Abrahams, Hesekiels, Henochs, Ezras, Marias, Paulus' und Kornelius' in Kontakt mit den Menschen standen, sie sich jedoch heute nicht mehr mit den Menschen und ihren spirituellen Problemen beschäftigen. Gott zieht kein Jahrhundert vor. Seine Göttliche Hilfe und jene Seiner Engel strömt "zu allen Zeiten" herab und ist heute so wirksam wie in vergangenen Epochen. Um die Wirklichkeit der Engel zu erkennen, müssen wir unseren Mut zusammennehmen, um uns aus den Schlingen der versteinerten Theologie und des Dogmas zu befreien. Gemeinsam mit uns ähnlich gesinnten Gruppen glauben wir, daß die Göttliche Offenbarung niemals aufhört. Männer und Frauen, die zutiefst aufrichtig und frei von spirituellem Stolz sind, vermögen die Schwelle weltlichen Wissens zu überschreiten. Die Erleuchtung und der Segen des Göttlichen Geistes wird all jene berühren, "die Gott mehr lieben und verehren als sich selbst und materielle Dinge".

Jakob Böhme, William Blake, Georg Friedrich Händel, Emanuel Swedenborg und Jeanne d'Arc schauten Engel in ihrem ganz individuellen Erfahrungsbereich. Während ihres Prozesses fragte man sie, ob sie den *Hl. Michael* und die Engel wirklich gesehen habe, worauf das heilige Mädchen antwortete: *„Ich sah sie ebenso, wie ich euch sehe; und als sie mich verließen, weinte ich; und ich wäre gern mit ihnen gegangen."*

Wir sollten jede authentische Einsicht in das Reich der Engel und ihre Aufgaben begrüßen. Die Menschheit wird immer den Rat und Beistand jener benötigen, die rein und voller Milde sind. Etwas über Wesen zu lernen, die wir zuvor nicht einmal beachteten, erweitert unseren inneren Horizont und unser Vertrauen.

Henoch sprach öfter über die himmlischen Heerscharen als jeder andere biblische Eingeweihte. Wir sind ihm alle dafür verpflichtet, daß er uns, wenn auch nur kurz, mit Engelgruppen wie den "Chayoth", den "Ophanim", beide dienen dem Geist der Wahrheit, als auch den "Phoenix" und den "Chalkydri" bekannt machte. Wie einfach und doch beredt erwähnt er im achtzehnten Kapitel des zweiten Bandes des "Buches Henoch": *„Ich schaute den Pfad der Engel."* Der Eindruck einer Vision voll Göttlicher Offenbarung spiegelt sich in seiner Beschreibung der majestätischen Schönheit der himmlischen

Besucher wider: „*Und es erschienen mir zwei Männer, so unermeßlich groß, wie ich keinen auf Erden sah; ihr Antlitz strahlte wie die Sonne, ihre Augen erinnerten mich an loderndes Feuer, und ... ihre Schwingen waren strahlender als Gold, ihre Hände weißer als Schnee.*"

Von Kindheit an wurde ich inspiriert, meine Gedanken vertieft und in Demut geläutert, wenn ich diese Welt des Lichtes und ihre Bewohner sah, die immerwährend und intensiv Arbeit verrichteten, indem sie dem Göttlichen Plan dienten, der sich auf die Entfaltung und den Fortschritt alles Geschaffenen richtet.

Bei drei verschiedenen Gelegenheiten durfte ich beobachten, wie sie Menschen vor dem Unfalltod bewahrten. Jedesmal wurde den so Geholfenen auch die Erkenntnis von der Wirklichkeit der Engel geschenkt.

Ein Vortragender, der spirituelles Wissen besaß, berichtete den Zuhörern, wie seine Schwester, eine katholische Nonne, durch die Engel gesegnet wurde. Während einer Reise verließ die Schwester den Zug an einem bestimmten Bahnhof, und auf die Frage eines Bahnwärters hin, warum sie den Zug verlassen hatte, antwortete diese schlicht: „*Mein Schutzengel riet mir auszusteigen.*" An diesem Morgen fuhr kein anderer Zug, doch auch dieses beunruhigte die Frau nicht. Eine Stunde später stürmte ein Stationsbeamter herein, um die Nonne darüber zu informieren, daß der Zug, mit welchem sie gefahren war, einen furchtbaren Unfall erlitten habe. Viele Reisende waren verletzt worden und die Zahl der tödlich Verunglückten schien hoch zu sein.

Wann immer es die Zeit erlaubt, in Questhaven selbst oder in den angrenzenden Bergen spazieren gehen zu können, versuchen wir, im Rhythmus mit dem höchstmöglichen Bewußtseinszustand zu schwingen, den wir zu erreichen vermögen; denn auf dieser Ebene wirken die Engel, beschwingt und selbstlos. Die Anweisungen und

Offenbarungen, die wir durch sie erhalten, vermehren jedesmal erneut unser Verständnis und unsere Aufnahmefähigkeit für die Göttlichen Wunder.

Ebenso wie Astronomen sich um eine sich ständig erweiternde Erkenntnis des Kosmos bemühen, sehnen wir uns danach, vermehrten Einblick in die Sphären der Leuchtenden Wesen zu erlangen. Es gibt so viel über jenes Reich zu lernen! So wenig ist bisher über seine Bewohner bekannt!

Vor ein paar Jahren wurden unsere Augen durch einen edlen und hochverehrten Älteren Bruder geöffnet. Dieser Meister hat unser Wissen unermeßlich erweitert. Alle Kapitel dieses Buches, das letzte ausgenommen, basieren direkt auf Seinen Lehren. Er wird Seine Offenbarungen über die Engelwelten fortsetzen, sobald wir uns mit den bisher erhaltenen vertraut gemacht haben.

Wir werden den Namen dieses Adepten nicht nennen, denn ein Name eröffnet die Möglichkeit zum Seelenkontakt; und Sein bedeutender Dienst an der Menschheit darf nicht durch Neugier unterbrochen werden. Jene, die bereitet und würdig sind, mögen zur rechten Zeit von Ihm erfahren. Sein Bild mag jedoch in Questhaven betrachtet werden. Versuche, während der Lektüre dieses Buches, zu erfühlen, wie Seine Weisheit in dich einfließt.

Aus unserer eigenen Erfahrung heraus wissen wir, wie umfassend der Mensch innerlich und ganz bewußt durch die Erkenntnis der Wirklichkeit der Engel bereichert wird. Mit der Anhebung des Bewußtseins, Charakters und der Verhaltensweise wird ein jeder immer stärker auf die Schwingungsfrequenzen dieses herrlichen Reiches ansprechen. Dann wird die Bedeutung der Worte Christi erhellt werden: *„Ich habe noch andere Schafe, die nicht von diesem Hof sind; ...",* (Joh 10,16) (andere oder zusätzliche Reiche zum Reich der Menschen), und: *„Noch vieles habe ich zu sagen, aber ihr könnt es jetzt nicht ertragen."* (Joh 16,12).

Unser gesegneter Herr und ewiger Wegbereiter wird zu allen Zeiten neues Wissen ausströmen lassen — Wunder und Herrlichkeiten, welche das Bewußtsein der Menschheit zu sich ständig erweiternden Vorstellungen über die Unendliche Intelligenz führen wird, die Gott in der Lenkung dieses Universums offenbart.

Flower A. Newhouse
Questhaven

I. Engel im Dienste Christi

Unsere Absicht ist es, von jenen Hierarchien weiser Intelligenz zu berichten, die das Schicksal der Menschheit leiten und beeinflussen. Indem wir uns mit deren Namen und Diensten immer vertrauter machen, werden wir befähigt, die aktiven Wesenheiten jener Gruppen, die wir erwähnen werden, direkt anzusprechen und mit ihnen in Kontakt zu treten. Dieses Buch ist der freudigen Aufgabe gewidmet, dich stärker mit dem Engelreich und seinen Bewohnern, für welche die Menschheit empfänglich ist, vertraut zu machen.

Es gibt vier große Wogen himmlischen Lebens, die hauptsächlich auf das physische Sein ausgerichtet sind und jenem Leben dienen, welches sich auf diesem Planeten entfaltet. Zahlreiche andere Wege der Engel ließen sich aufzeigen — jeder davon herrlich und zielgerichtet — doch betreffen uns diese nicht. Einer der vier uns berührenden Pfade stellt den der "Naturwoge" dar. Der zweite wird "Woge der Quelle des Lebens" genannt. Der dritte kann mit der Freisetzung und Manifestation Göttlicher Weisheit in Zusammenhang gebracht werden. Der vierte ist bekannt als "Woge der Liebe". Dieser letzte Weg stellt die Woge des zweiten Aspektes der Gottheit dar und hat herausragenden Einfluß auf unsere eigene Evolution. Wir wollen uns in diesem Kapitel mit der vierten Woge beschäftigen.

Beginnen wir mit den "Engeln der Anbetung", wie viele von denen genannt werden, die auf dem vierten Pfad voranschreiten. Du magst oftmals den Namen "Engel der Religionen" gehört haben. Wir schlagen vor, ihn durch "Engel der Anbetung" zu ersetzen, eine Bezeichnung, wie sie auf den inneren Ebenen benutzt wird.

Wenn sie sich auf einer hohen Entwicklungsstufe befinden, erhalten jene, die durch das Engelreich fortschreiten, die Erlaubnis, ihren Dienst für den Fortgang der Entwicklung selbst zu wählen. Die Wesen, deren initiatorische Erfahrungen eine bestimmte und anhaltende Invokation verlangen, verspüren ein inneres Sehnen, ihre Hingabe zu verstärken und die damit verbundenen Energien in das Leben all jener einfließen zu lassen, die sie zu erreichen vermögen, — daher ihre große Zahl an geweihten Orten.

Mit dem Kommen des Sabbath versammeln sich Engel der Anbetung über Kapellen und großen Kathedralen. Entsprechend ihrer Anzahl wird den Sterblichen himmlische Hilfe von diesen Leuchtenden Lichtwesen zuteil werden. Eine leere Kirche wird nur ein paar Wächter beherbergen. Doch ist sie angefüllt mit den Gemeindemitgliedern, wird die Zahl der Engel der Anbetung dementsprechend ansteigen.

Diese Helfer, die mit jenen Energieströmen betraut sind, die aus den höchsten Bereichen des bewußten menschlichen Lebens zum Göttlichen streben, bemühen sich, die Atmosphäre jeder Gruppe, der sie dienen, zu durchlichten. In jeder Gemeinschaft findet sich viel Dunkles, bedingt dadurch, daß der Mensch seine mentalen Bürden vor den Wesenheiten des Höchsten aufgeben muß. Die strahlenden Lichtboten können nun, noch bevor der Gottesdienst begonnen hat, dabei beobachtet werden, wie sie "bewußt" jene dunklen Bereiche von den reineren, duftenderen, leuchtenderen Gedanken und Einflüssen trennen, die aus dem inneren Wesen des Menschen sich erheben und himmelwärts streben.

Die Hälfte dieser Engelschar wird bereit sein, die Bruchstücke der menschlichen Gedanken aus der Kapelle, ihren physischen und ätherischen Fundamenten zu vertreiben, bis sie im weißen Geistfeuer des Planeten versinken. Die andere Hälfte widmet sich der Aufgabe, die zwar ernsthaften doch unreifen und unvollkommenen spirituellen Energien der Menschen zu heben, bis diese mit ihren eigenen kristallklaren Schwingungen zu harmonieren vermögen.

Erst wenn der Mensch durch tiefe Bemühungen und Dankbarkeit zu einer Verbindung mit dem Höchsten gelangt, vermögen die Leuchtenden Wesen direkt auf ihn einzuwirken. Diese Himmlischen Helfer sind auch dafür verantwortlich, die Hingabe möglichst schnell zur Blüte zu bringen und die Aura des Ortes der Anbetung zu verstärken. Dieses ermöglichen sie durch ihre machtvollen Invokationen, die auf ihr Rufen hin von Unsichtbaren Wesenheiten und Kündern des Lichtes beantwortet werden.

Bevor wir uns der Beschreibung jener Wesen zuwenden wollen, die auf diese Rufe antworten, möchte ich daran erinnern, daß es der höchste Dienst der "Engel der Anbetung" ist, fähig zu sein, die gedanklichen Samenkörner der Menschen aufzunehmen und sie denen anzuvertrauen, die noch über ihnen stehen. Diese wiederum werden ebenfalls als Übermittler dienen, bis die Hingabe des Menschen einen solchen Duft der Heiligkeit entströmen läßt, wie ihn die *Seraphim* aufnehmen und beständig vor dem Einen, dem Herrlichsten, darbieten.

Als Antwort auf die Anrufungen der Engel der Anbetung finden sich die feierlichen, reinen und weisen "Engel des Gebetes". Jeder im Reich über den Menschen wird gelehrt, durch den Klang des Wortes, die Gebete der Menschen aufzunehmen, die jene (die Menschen) nicht höherzuleiten vermögen. Aufgrund des Dienstes dieser Heiligen Wesen werden die Gebete jene Quelle erreichen, die ihren Bedürfnissen entspricht.

Die "Engel des Gebetes" stehen eine Stufe über den "Engeln der Anbetung", aus deren Reihen sie sich entwickelt haben. Ihre Aufgabe ist es, nicht nur auf das Bewußtsein einer Gruppe zu achten, sondern auf das ihrer Individuen einzugehen. Aus ihren herrlichen, erhabenen Sphären bringt ihre durchdringende und verstehende Gegenwart einen befreienden Trost für viele beunruhigte Herzen, denen sie mit Rat beistehen, während sie ihnen unsichtbar nahe sind, auf einer höheren Seinsstufe. Natürlicherweise ist es ihr Wunsch, in der Aura eines jeden offenen Individuums eine Vorstellung, einen Anreiz oder eine Erkenntnis (so vollkommen, wie Menschen sie aufzu-

16

nehmen vermögen) zurückzulassen, um dessen Fortschritt so zu bestärken.

In jenen Reihen befinden sich auch in weiß gekleidete Wesen, welche direkt auf unsere Gebete antworten. Unter der Aufsicht der "Engel des Gebetes" wirken viele der strahlenden Wesen, die sich um die Heilung bemühen, und einige von ihnen dienen auf einer Ebene mit den "Engeln der Anbetung". Es gibt jedoch noch weit fortgeschrittenere himmlische Wesen als jene.

Über den "Engeln des Gebetes" und den "Engeln der Anbetung" stehen die "Engel der Gegenwart Christi", die sich auf der Stufe der Erzengelentwicklung befinden. Diese haben den Meisterrang inne. Einer von ihnen ist der Große Engel des Altares in Questhaven, mit dem Namen *Erzengel Mentiel*. Er nimmt deine Gedanken wahr, wann immer du dich dem Gebet widmest. Seine Gegenwart kann während jedes Gottesdienstes von den hingebungsvollen Gläubigen erspürt und erkannt werden. Zusammenkünfte außerhalb des Sonnabends mögen seiner Anwesenheit ermangeln, wenn wir es versäumen, uns auf die Teilnehmer am Altar einzustellen. Jedoch wird uns diese Große Wesenheit *niemals* eine Antwort schuldig bleiben, wenn wir sie darum bitten.

Der Kontakt mit einem von Ihnen mag auch zu Zeiten erblühen, wenn du eine schlechte Angewohnheit abgelegt hast. In der Ekstase der Freude wirst du unerwartet mit diesem Einweihungsengel konfrontiert werden. Jene Reihen der Erzengel, welche als "Engel der Gegenwart Christi" bekannt sind, durchschritten niemals die menschlichen Entwicklungsbereiche und verkörpern in sich immer positive oder männliche Polarität.

Je tiefer du den Geist und die Gegenwart Christi in deine Gedanken einschließt und dich ihm zuwendest, um so stärker und für dich sichtbarer wird Sein Botschafter am Altar. Dies gilt für jede Gruppe, die sich im Gedenken an den Geist und die Größe des Herrn aller Religionen dieser Welt trifft. Die Reihe der Engel, auf welche ich mich hier beziehe, existiert seit Ewigkeiten in den Scharen der "Engel der Gegenwart Christi". Viele von ihnen dienten schon dem Herrn Maitreya, der sich nun nicht mehr in der Atmosphäre dieses Planeten aufhält, sondern in die Reihen der solaren Eingeweihten aufstieg.

Die Allgegenwart Christi strahlt nicht nur durch Seine vollkommenen Kanäle Energien aus, sondern wirkt auch als Sammelpunkt geistiger Kräfte. Diese haben ihren Ursprung in der Göttlichen Liebe, Lauterkeit und Selbstlosigkeit und entstammen dem Herzen der Menschheit auf der Erde und den Bereichen höherer Dimensionen. Jeder Meister, jeder Herr und Logos trägt seinen Beitrag zu der aurischen Ausstrahlung bei, die als der herrliche Christusgeist bekannt ist. Jede geweihte Tat in der Welt der Menschen, Engel und Logoi verstärkt die Lebenskraft dieses Christuslichtes.

Aus der Nähe dieser vollkommenen und strahlenden Wesenheit, dem Christus, und dem Lichtkreis jener Ihn umgebenden gewaltigen geistigen Energie treten Seine edlen Stellvertreter hervor, deren Seelenkern in ebenso leuchtender Schönheit erstrahlt wie die des Herrn, dem sie dienen. Viele jener herrlichen, hoch entwickelten Engel ähneln Christus. So malten Künstler bisweilen eher sie als den Herrn Emmanuel, den sie verehren und dem sie zur Seite stehen. Engel der Gegenwart Christi sind immer wachsam, denn sie sind bemüht, neue Altäre zu finden, von welchen aus sie ihre Gaben darbieten können.

Nicht in allen Kirchen finden sich diese Wesenheiten. Wenn der Geist tot ist und die Zeremonien sich verhärtet haben, beginnt das Feuer auf den Altären zu verlöschen. Sie werden nicht eher wieder beseelt sein, bevor sie ein Wesen belehrt, dessen lichtdurchstrahlter Seelenkörper die Funken lebendiger Andacht erneut zu entzünden vermag. Jene großen Engel finden sich überall dort, wo "tiefe Aufrichtigkeit" zu finden ist, denn diese Grundeinstellung ist wichtiger als die bewußtseinsmäßige Entwicklungsstufe der Gruppe oder ein vollkommenes Verstehen. Ein "Engel der Gegenwart Christi" arbei-

18

tet mit der seelischen Flamme des Menschen und während jedes andächtigen Gottesdienstes sind der *Erzengel Mentiel* und Seine Brüder bemüht, die Funken Göttlicher Eigenschaften zu beleben, die in dem Moment erwachen, wenn bestimmte Wirklichkeiten berührt werden. Durch die Aufnahme seelischer Speisen werden diese kurzen Eindrücke — und Visionen unseres eigenen innewohnenden Gottesfunkens — verlängert. Ein Engel der Gegenwart Christi spricht unseren geistigen Kern direkt an, bemüht, unser Bewußtsein von all dem zu läutern, was es seit unserem letzten Kontakt mit Gott, vor der Flamme des Altares, verdunkelte.

Aufgrund der Arbeit mit Christus und der Schulung und Kraft solarer Taufen, sind die "Engel der Gegenwart Christi" umgeben und angetan mit den Eigenschaften, welche Er ausstrahlt und ebenso mit dem Leuchten der geistigen Sonne, das Ihn umgibt.

Während einer Zusammenkunft, die etwa eine Stunde andauert, werden drei unterschiedliche Läuterungen durch seine Gegenwart bewirkt. Durch die aufladende Kraft Seiner Worte konzentriert sich die Reinigung auf die Schlacken, die sich um die niederen Aspekte der Menschen bilden. Zuerst ergießt sich eine Taufe des "Weißen Schützenden Lichtes". Dieser folgt eine zweite Taufe, die die Gruppe während der Dauer des Gottesdienstes von versuchenden Kräften befreit, die nicht ihrer eigenen Schöpfung entspringen. Die dritte Taufe, die gewöhnlich zum Schluß der Feier gespendet wird (bisweilen direkt beim Ausklang), verstärkt die Ausstrahlung und das Ausmaß des "reinen" Christuslichtes innerhalb der Gruppe. Dieser notwendigen Läuterungsphase folgt der Segen des "Goldenen Lichtes", welchen nur ein Vollkommenes Wesen zu spenden vermag. Dieses Licht erhellt dann den geistigen Mantel der Gruppe.

Jene wunderbar reinen Wesen sind bemüht, während des Gottesdienstes auf das Bewußtsein eines jeden Sprechers einzuwirken, der sich an die Anwesenden wendet. Wenn der Übertragende den Strom fühlt oder auch unwissend weiterleitet, sendet eine Wesenheit wie der *Erzengel Mentiel* seine Kraftwogen bis in die letzten Winkel und er füllt jeden Bereich der Kapelle aus, um so die selbstlose Arbeit der "Engel der Anbetung" zu verstärken und zu vertiefen. Er verursacht damit eine "energetische Flut", die durch die Versammlung zu Ihm zurückfließen wird, um damit das volle Spektrum mentaler Eindrücke und emotionaler Bedürfnisse und Nöte, die in der Gruppe lebendig sind, in Seine Aura einzubringen. In diesem Willensakt, der Ebbe und Flut, die Sein Licht hinaustragen und wieder zu Ihm zurückführen, bedient er sich wichtiger Helfer — Menschen in jeder Gemeinschaft, die unter der Bezeichnung "Säulen" bekannt sind. Sie helfen dabei, Seine Energien in der ursprünglichen Form zu erhalten und das Fließen zu verlangsamen und damit wirksamer zu gestalten.

Eine Wesenheit wie der *Erzengel Mentiel*, ein "Engel der Gegenwart Christi", wird die Gedankenform der gesamten Gruppe anheben, welche bereits eine mächtige Größe angenommen hat — größer als der Raum, den die physische Versammlung beansprucht. Dieses Ereignis tritt meist während des Schlußgebetes beim sonntäglichen Gottesdienst oder einer ähnlichen Gelegenheit ein. Die herrlich farbenprächtige und ausgedehnte Gedankenform, die entstanden ist, wird von Ihm noch angehoben werden und all die Gebete und Nöte der ganzen Gruppe beinhalten. Mit Hilfe Seiner Fähigkeiten und durch Seine Kraft werden diese strahlenden kugelartigen Emanationen (es gibt keine passendere Beschreibung für diesen Vorgang) in die Obhut eines *Seraphim* übergeben.

Es ist wichtig, an dieser Stelle zu erwähnen, daß ein *Seraphim* in keiner Hinsicht der kindhaften Darstellung gleicht, wie sie in Zeichnungen und Gemälden von Künstlern stilisiert wurde. Die *Seraphim* sind außergewöhnlich große, kühne und starke Geschöpfe — Göttliche Geschöpfe. Würde einer von ihnen eine der ehrwürdigen geweihten Stätten der Erde betreten, wäre er in den höheren Dimensionen von einer gewaltigen brausenden Kraft begleitet, stark genug, die versteinerten und begrenzten Anschauungen der Menschen aufzubrechen.

Zu den *Seraphim* steigen selbst die aufkeimenden Gedanken und die Verehrung der Jüngsten der Engelevolution auf. Durch sie wird die Gedankenform einer Gruppe wunderbar verstärkt und in jene unergründlichen mystischen Sphären des Lichtes erhoben, die jenseits des Gedankenhorizontes der Engel und Menschen liegen.

Prüfe diese Dinge in deinem Herzen. Obgleich du niemals die "Engel der Gegenwart Christi" direkt um eine besondere Hilfe angehen solltest, gedenke in deinen Gebeten immer DERER, die in der Gegenwart des Ewigen Gottes weilen, damit auch Sie im Kontakt mit dir gesegnet und bereichert werden, die dich so selbstlos erquicken.

Da die Einstimmung, Selbstüberwindung und Hingabe eines jeden sowohl die Kraft der Meister, Herren und Logoi als auch der Myriaden der Engelhierarchien erreicht und verstärkt, solltest du dir häufiger vor Augen halten, inwiefern auch du mit deinen geringen Möglichkeiten zu den himmlischen Segnungen beizutragen vermagst, die diesen Kosmischen Wesen bekannt sein mögen!

II. Engel des Geistes der Wahrheit

Wir haben uns bisher den Engeln zugewandt, die dem zweiten Aspekt des Logos dienen — jenen, die im Namen des Herrn Emmanuel ihre Aufgaben versehen. Nun wollen wir unsere Aufmerksamkeit den Engelwesen widmen, die die Menschheit über den dritten Aspekt beeinflussen, in unserer Religion als Geist der Wahrheit bekannt. Die Leuchtenden Wesen, die in diesen Reihen stehen und sich der Verbreitung des Wissens geweiht haben, werden "Erwecker" genannt. Man vermag sie nur auf der mentalen Ebene zu erreichen, selten steigen sie in niedere Sphären herab. Beständig konzentrieren sie ihre Kräfte auf den Dienst für ihren verehrten Herrn, den Maha Chohan, dergestalt, daß daraus sowohl neue Kanäle für Ihn erwachsen, als auch neue Erkenntnisse für das Individuum, dem sie beistehen.

Die "Erwecker" arbeiten allein und gewöhnlich jeweils mit nur einem Menschen. Indem ihre ungeteilte Aufmerksamkeit einer Person zuteil wird, die einen Großteil ihrer Zeit in Anspruch nimmt, kann trotzdem nicht von Bevorzugung die Rede sein. Die Motivation der Engel entspringt dem Wunsch, Menschen in die Lage zu versetzen, Gottes Plan so bewußt zu dienen, wie sie selbst es tun. *Remliel* ist der Name dieser Gruppe himmlischer Erwecker. Die Bereitschaft einer menschlichen Seele für eine solche geistige Stärkung wird ihnen durch die "Sorgenden Engel" oder den Schutzengel kundgetan.

Manchmal erkennen die "Erwecker", beispielsweise während einer Meditation, in einer Zusammenkunft oder der Prüfung eines Menschen, daß ein einzelner nun eines verstärkten Beistandes bedarf. Um diesen Novizen, Schüler oder schlicht jemanden, der der Wahrheit dient, vorzubereiten, schaffen diese Engel die besten Bedingungen, um der Seele zur Reife zu verhelfen. Zuerst prüfen sie die Geisteshaltung desjenigen, um zu erkennen, auf welche Weise ihm geholfen werden kann, mentale Irrwege zu verlassen und zu überwinden. Eine Zeitlang werden ihm viele Belehrungen gewährt, damit er Einsicht in die Erkenntniskraft seines eigenen Geistes erlangt und die Grundübel und Abnormitäten erkennt, die der Läuterung und Austilgung bedürfen. Daher mag ein Schüler, der sich um die Wahrheit bemüht, zu einer gewissen Zeit übertrieben um seine eigene innere Läuterung bemüht sein. Versteht er die Notwendigkeit dieser Entwicklungsphase und ist er sich dessen bewußt, daß ein herrlicher, reiner und in hohem Maße einsichtsvoller Engel seine Schritte lenkt, wird sich seine Haltung entspannen, und er wird an jenen Aspekten arbeiten, die ihm zu seinem eigenen Wohl in Momenten der Selbstoffenbarung zuteil wurden.

Nach dieser Spanne der Läuterung und Selbsterkenntnis eröffnet sich die Gelegenheit, Bereiche neuen geistigen Wachstums zu betreten. Die Länge des Weges, der in Begleitung der "Erwecker" zurückgelegt wird, hängt von der Überwindung der persönlichen destruktiven Schwächen ab und von den negativen Kräften, die zum Positiven gewandelt wurden.

Die Erwecker konzentrieren sich im Folgenden auf das, was du als ein Ausdehnen und Erweitern des mentalen Körpers beschreiben würdest, um so seine Schwingungen ganz auf die Göttlichen Energien abzustimmen. Eine solche entscheidungsträchtige Zeitspanne, in der der Strebende daran arbeitet, echte Hingabe zu erlangen, wird einen Markstein im Leben eines jeden setzen.

Ohne zu sehr ins Detail zu gehen, auf welche Weise diese besonderen Engel Weisheit verbreiten, wollen wir uns einen wichtigen Aspekt in ihren Bemühungen vor Augen halten. Es liegt in ihrem Arbeitsfeld und ist ihr Recht, einem jeden, den sie möglicherweise erreichen können, die mentalen Voraussetzungen zu verschaffen, die "bewußte geistige Einheit" wiederzuerlangen. Dies erfordert andauernde Arbeit, indem der Mensch mit bestimmten mentalen Energien versorgt und sein Mentalkörper rein, aufgeschlossen und auf vernünftige Weise Idealen zugewandt erhalten werden muß.

Die nächste große Gruppe, die in den Erfahrungsbereich des Novizen eintritt, ist die Schar der "Inspirierenden". In den höheren Sphären wird ihnen der Name *Fireal* gegeben. Diese "Engel der Weisheit" sind von fortgeschrittenem Rang. Man wird sie nur auf der kausalen Ebene erreichen können. Ihnen steht der Dienst innerer Stärkung zu und die Offenbarung geistiger Wahrheiten für jene Menschen, die sich in höheren Dimensionen oder auch gegenwärtig in einer physischen Hülle verkörpert aufhalten. Es handelt sich um Wesenheiten, die oftmals mit den feurigen Kräften in Verbindung stehen, die im Vierten Strahl zur Wirkung gelangen. Dennoch gehören sie nicht alle diesem Strahl an oder sind vollständig der Kreativität geweiht. Ihre Aufgaben sind weit umfassender, indem sie sich um die Inspiration von Menschen bemühen, damit diese Gedanken, Anregungen und innere Weisungen aufzunehmen vermögen und sich anstrengen, jene geistigen Stufen zu erklimmen, die normalerweise weit jenseits ihrer Möglichkeiten liegen. Ihr Arbeitsfeld umfaßt Schriftsteller, Dichter, Ingenieure, Wissenschaftler und Lehrer — sowohl spirituelle als auch pädagogische —, denn all diese Gruppen unterstehen der Beobachtung und Unterweisung jener selbstlosen Wesen. Die "Inspirierenden Engel" dienen wiederum einzeln und wählen gewöhnlich einen Menschen, mit dem sie solange in Kontakt bleiben, bis eine bestimmte Aufgabe vollendet wurde. Eine noch herrlichere Schar ist bekannt als die "Erleuchtenden". Diese Engel dienen der Vorbereitung auf die Einweihungen. Man kann sie ausschließlich in den Bereichen der höchsten, selbstlosesten und gottzugewandten Bewußtseinsschichten des Menschen erreichen. Die "Inspirierenden" (die *Fireal*) prägen Archetypen in den Seelenbereich des Menschen ein. Die "Erleuchtenden" dagegen konzentrieren ihre durchlichtenden Strahlen auf Novizen, die bereit sind ihre selbstauferlegten Grenzen zu überwinden. Bergeshöhen stellen die bevorzugten

Plätze für diese Arbeit am Menschen dar, jedoch auch für die Fähigkeit der Menschen, das eigene Bewußtsein in jene Höhen emporzuschwingen, in welche die "Erleuchtenden" sie zu ziehen vermögen. Der von ihnen dargereichte Dienst hebt die eigenen Siege der Seele hervor. Daraufhin folgt der Beginn der Offenbarung, jene Mysterien betreffend, die jenseits des bekannten Gesichtskreises liegen. Diese Engel sind in den höheren Dimensionen unter der einfachen Bezeichnung *Imli* (als Pluralform) bekannt.

Über den "Erleuchtenden" stehen die *Chohi*, eine Ableitung von "Chohan", was einen Hohenpriester des Geistes der Wahrheit bezeichnet. Die *Chohi* stehen auf einer Stufe, auf der auch die geistige Evolution der "Engel der Gegenwart Christi" anzusiedeln ist. Sie vermitteln überaus wichtige, weltbewegende und erleuchtende Weisungen. Ihre Archetypen erstrahlen in der Kraft des Heiligen Wortes. Die heiligen Bücher der Welt sind in der Hauptsache auf ihre Inspiration zurückzuführen und als ihre Arbeit zu bezeichnen. Alle großen Bewegungen und erneuernden Strömungen entstammen dieser Quelle.

In Gedanken beschäftigen wir uns nun mit jenen Wesenheiten, deren Dienste jenseits des menschlichen Verständnisses für diese Weltenperiode liegen. Über den *Chohi* und innerhalb der Ausstrahlung der Bewußten Intelligenz, die nur der Wahrheit verpflichtet ist, stehen die *Cherubim*, die auf der Ebene des Adonai wirken. Das Oberhaupt dieser bedeutungsvollen Heerschar wird mit dem Titel *Cherubiel* benannt, ebenso wie der König der *Seraphim* als *Seraphael* bekannt ist. Die mächtigen und durchlichteten *Cherubim* entfachen jene Lichtschwingungen, welche Ideen und Anregungen in alle Dimensionen weitertragen, in denen individuelles Leben zu finden ist. Es existieren noch viele Gruppen innerhalb des Schwingungskreises der Heiligen Dreieinheit, doch ihre Arbeit betrifft uns zur Zeit nicht.

III. Engel als Lenker des menschlichen Schicksals

Wir wollen uns nun einer Gruppe von Engeln zuwenden, die direkt mit dem Leben jedes Einzelnen verknüpft ist. Ihre Scharen werden "Engel des Schicksals" genannt.

Zum tieferen Verständnis ist es notwendig, wenn auch nur teilweise, sich den Hintergrund der Existenz eines Engels zu vergegenwärtigen. Ein Wesen der Deva-Evolution hat, zur Zeit Seiner Erhebung in die Schar der Engel, bereits einhundertundvierundzwanzig große Einweihungen durchschritten, während es noch Seine Aufgaben als Deva erfüllt. In der Entwicklungslinie der Engel und Devas hat das Erringen der Einweihungsstufen einen eher flüchtigen Charakter, doch die damit verbundenen Verwandlungen sind geradezu wunderbar. Findet zum Schluß die Einweihung zum Engel statt, durchläuft der Deva eine Transfiguration. Besaß Er zunächst das Aussehen eines 'Untermenschen', als das initiatorische Licht Ihn traf, entwickelt Er sich, bis Seine Gestalt leuchtender und liebender erstrahlt als die der Mehrheit der Menschen. Nur ein inspirierter Heiliger besitzt eine solche Ausstrahlung, und selbst die wird nicht in dem Maße entfaltet sein wie bei dem Jüngsten der Engel.

Der Vergleich zwischen Engeln und Menschen ist nur schwierig auszuführen. Jemandem, der gerade die Stufe der Engel beschritten hat, ist die Natürlichkeit und Begeisterungsfähigkeit eines Eingeweihten ersten Grades zusammen mit der Integrität, der Uneigennützigkeit und Freude eines Meisters zu eigen. Ein Engel muß ganz aus Seinem Seelenbewußtsein heraus wirken. Er wird nicht in die Schar der Engel eingereiht, bevor Er dies vermag. Obgleich die Engel sich in jeder Dimension aufhalten, die physische eingeschlossen, sind die devischen Einflüsse der niederen Entwicklungsphasen von Ihnen abgefallen. Seelenbewußtsein lenkt ihr Denken, Fühlen und, falls notwendig, ihre physische Ausdrucksfähigkeit.

Nachdem ein Deva zu einem Engel gereift ist, untersteht Er noch für längere Zeit der Obhut fortgeschrittenerer Engel. Er wird eine strenge Schulungsphase durchlaufen, während der seine eigenen Fähigkeiten und Vorlieben von Großen Engeln beobachtet werden. Zur jeweiligen Zeit müssen jene, die der Vierten Lebenswoge dienen wollen und mit der Gruppe in Verbindung treten, die "Engel des Schicksals" genannt werden, die vielfältigsten Formen an Lehren durchwandern. (Über Devas kann bemerkt werden, daß ihre eigentliche Aufgabe darin besteht, das Leben in der Form, in der sie es vorfinden, mit Energie zu durchstrahlen. Als Engel liegt es vorzugsweise in ihrem Arbeitsfeld, die Evolution zu beschleunigen — wann immer sie auf Bewußtsein stoßen, dieses zu vervollkommnen und zu bereichern.)

Die jüngsten Engel dieser Schar werden "Beschützer" benannt. Bevor ihnen dieser Titel zugedacht wird, haben sie bereits als Helfer unter den "Engeln von Geburt und Tod" und in den Bereichen der Akasha-Chronik gewirkt. Auch haben sie unter der Obhut großer Heilungsengel gelernt und unter der Anweisung der "Engel des Gebetes" gearbeitet.

Entwickelte Engel, die sich jeweils nach den Anweisungen der ihnen Vorangeschrittenen richten, bemerken schon früh in den ihnen unterstellten Engeln die Eigenschaften selbstloser Liebe und das alles überragende Interesse, Leben zu vervollkommnen. Es handelt sich jedesmal um ein bemerkenswertes Ereignis im Schicksal der Menschheit, wenn ein weiterer himmlischer Beschützer in die Arbeit für ihr eigenes Wohlergehen eingesetzt wird. Es mag dir bereits vertraut sein, daß ein Beschützer zumindest sieben Menschen beisteht, die dem noch unentwickelten Menschentypus zugehören. Diese Erdenbewohner werden "undifferenzierte Seelen" genannt. Den Beschützern ist es erlaubt, bestimmte Gegenden, Orte und Länder auszuwählen, in denen sie ihre Aufgaben wahrnehmen möchten. Oftmals entwickeln sie eine solche Verbundenheit mit einem bestimmten Landstrich, daß sie für Tausende von Jahren, nach der menschlichen Zeitrechnung, ihren Dienst in dieser Region verrichten. Andere wandern durch die Atmosphäre der Erde und helfen unsichtbar, wo immer ihre Hilfe benötigt wird.

Ein Beschützer wendet seine Aufmerksamkeit einem Menschen vom Moment der Geburt an zu. Er mag sich auch um das Wachstum von sieben Mitgliedern einer Familie bemühen, die dann alle Altersstufen repräsentieren. Verläßt ein Mensch den physischen Plan, entschwindet er auch dem Gesichtskreis dieses einen Beschützers. Nur in dem Fall, wenn er sich im selben Land und in derselben Gegend erneut inkarniert, ist es wahrscheinlich, daß er wiederum auf den Beschützer trifft, der ihn auch schon im Leben zuvor anleitete. Doch wo immer er auch sein folgendes Leben verbringt, wird er unter dem liebenden und helfenden Schutz der Engel der Liebe stehen, die über die Sterblichen in ihrer physischen Existenz wachen. Beschützer entwickeln eine Zuneigung zu einem oder mehreren Schutzbefohlenen bis zu einem solchen Umfang, daß der Zeitpunkt eintritt, an dem sie — in einer späteren Entwicklungsstufe — eine starken Einfluß auf das Schicksal eines einzelnen Menschen ausüben.

Tausende von Jahren vergehen, bevor ein Mensch würdig und bereit ist, den beständigen Beistand eines Schutzengels zu verdienen. Ein Beschützer, der in die Reihen der Schützenden aufsteigen soll, wählt seinen Schützling selbst aus.

Beschützer walten in weiblichen oder männlichen Körpern, doch Schutzengel ausschließlich in weiblichen, da sie als geistige Mütter für die menschlichen Seelen wirken. Die Aufgabe des Schutzengels stellt einen außergewöhnlichen Bereich dar und bedingt eine weitere Einweihungszeremonie beeindruckender Schönheit und Kraft. Schutzengel und Beschützer sind nicht dazu aufgerufen, den Willen eines Menschen, über den sie wachen, zu ändern, doch ist es ihnen gestattet, neue Interessen in ihm zu wecken und neue Anregungen in sein Leben einzubringen. Diese neuen Kräfte wiederum können den Menschen veranlassen, sich zu ändern, zu entspannen oder ungute und törichte Angewohnheiten abzulegen. Der Schutzengel begleitet seinen Schützling eine längere Zeit als jedes andere Engelwesen, gleich welcher Art. Diese selbstlosen himmlischen Wesen übernehmen die Pflichten eines spirituellen Lehrers, um ein Individuum von der Zeit des Jüngers auf Probe bis zu seiner Einweihung dritten Grades zu stärken. Einem Schutzengel ist es freigestellt, seinen menschlichen Weggenossen auch darüber hinaus zu begleiten, doch ist dies nicht zwingend. Schutzengel haben einen so großen Einfluß auf das Leben, den Fortschritt und das Schicksal ihres Schutzbefohlenen, daß die Menschen ohne ihre Hilfe nur selten ein beständiges geistiges Interesse aufrechterhalten oder den Mut besitzen würden, Fortschritte zu machen.

Die nächste Aufgabe eines Schutzengels wird ihn in die Reihen der Großen Engel erheben. Er ist damit bereits ein Fortgeschrittener Engel. Ihm ist es gestattet, entweder eine Arbeit zu wählen, die jenen gewidmet ist, die bereit sind, erneut in eine physische Inkarnation einzutreten (dann würde er unter den "Engeln der Geburt" wirken) oder aber für eine gewisse Zeitspanne zu einem "Engel des Überschreitens der Schwelle" zu werden. Auch hat er das Recht, in Gemeinschaft mit den "Engeln des Karma" zu arbeiten, die gewöhnlich als "Engel des Schicksals" bezeichnet werden. Schicksalsengel sind die Hüter der Akasha-Chronik und sind so unbedingt verpflichtet, sich in hoher, unvoreingenommener und klarer Wahrnehmungsfähigkeit zu üben.

Sollte ein Engel die Wahl treffen, unter den "Engeln der Geburt" zu wirken, wird er Hunderten von Seelen dienen, die erneute Kraft in den höchsten Regionen der Mentalwelt schöpfen. Sind diese Seelen, die wiedergeboren werden sollen, zu einer gewissen Bewußtseinsklarheit gelangt und ist in ihnen der Wunsch herangereift, vergangene Fehler auszugleichen, sind sie bereit, in die astralen Dimensionen entlassen zu werden, wo sie als die "Wartenden Seelen" bekannt sind.

"Engel der Geburt" sind besonders groß und besitzen eine liebendere Ausstrahlung als der Mensch sich je vorzustellen vermag. Sie begleiten, segnen und beraten die zur Erdeninkarnation bestimmten Seelen, die nun danach verlangen oder sich mit der Idee abgefunden haben, wieder in eine menschliche Inkarnation einzutreten. Die besonderen Kräfte der "Engel der Geburt" ermöglichen es, daß bei der Befruchtung der Lebenssame eines Wesens in die Aura der Mutter gezogen wird, welches diese dann als ihr eigenes Kind aufziehen wird. Während des Geburtsvorganges des erneut ins Erdenleben eintretenden kindlichen Körpers verabschiedet sich die Seele von der farbenprächtigen, klangerfüllten Welt, die sie nun für einige Zeit verläßt. Das letzte herrliche Antlitz, welches sie erblickt, bevor die körperliche Geburt ihr Bewußtsein begrenzt, ist jenes des Engels, der sie zum Tor in die menschliche Existenz begleitete.

IV. Aufgaben der Engel des Karma

Es ist von besonderer Bedeutung, mehr über die äußerst wichtigen "Engel des Schicksals" zu erfahren. Aus dieser Gruppe haben wir uns bereits mit den Beschützern, den Schutzengeln und den Engeln der Geburt beschäftigt. Wir werden unsere Aufmerksamkeit nun jenen Reihen zuwenden, die allgemein unter dem Namen "Engel des Karma" bekannt sind.

Das gesamte Leben wird in der Mentalwelt auf einem hochempfindlichen und leicht imprägnierbaren 'Film' mentaler Essenz festgehalten. Kein Blatt fällt vom Baum, ohne daß dies vermerkt würde — kein Gedanke und keine Tat löst sich aus dem Bereich der menschlichen Aura, ohne in dieser Geschichte der Erfahrungen sichtbar zu werden.

Die Akasha-Chronik wird von männlichen Großen Engeln verwaltet, die als *Tawonel* bekannt sind. Auf der Evolutionsleiter befinden sich diese "Engel des Karma", auch "Hüter der Akasha-Chronik" genannt, auf der Stufe der Erzengel. Sie schützen diese 'lebendigen Bildschirme' mit ihrem gewaltigen Lichtschild. Sie beobachten die Bilder, die in jedem Moment aus allen Ländern der Erde, aus jeder Stadt, hier vermerkt werden.

Aus dem, was sie hier über die Ereignisse auf der Welt erfahren, bilden sich Schutzengel, himmlische Helfer und Lehrer ihr Wissen über die karmischen Faktoren, die das Umfeld menschlicher Erfahrung ausmachen. Ihre Arbeit erfordert ein Verständnis für vergangene Lebensbedingungen, welches ein Blättern in den Aufzeichnungen möglich macht. Um es einem Schutzengel, einem vertrauenswürdigen Eingeweihten oder einem Meister zu ermöglichen, in die Akasha-Chronik Einblick zu nehmen, müssen diese die allesdurchdringende Prüfung der weisen *Tawonel* bestehen.

Eine Gruppe, welche auf derselben Entwicklungsstufe steht wie die

Hüter der karmischen Aufzeichnungen und die den Namen "Engel des Schicksals" in seiner eigentlichen Bedeutung ausfüllen, sind die *Kindel*. Hierbei handelt es sich um "Engel des Karma", die für die Evolution selbst verantwortlich sind. Die *Kindel* besitzen eine ihrer Aufgabe angemessene Kraft der Konzentration und eine ausgeprägte Fähigkeit in der Anwendung der vergeistigten Willensenergie. Aufgrund dieser Charakteristika sind ihnen verantwortungsvolle Aufgaben anvertraut, die mit dem momenthaften Ablauf des aufgezeichneten menschlichen Schicksals in Zusammenhang stehen.

In jeder Inkarnation tritt eine Seele mit einem bereits vorskizzierten Lebensplan in das physische Dasein. Bereits mehr als einhundert Jahre bevor ein Mensch erneut in die Materie hinabsteigen wird, beschäftigen sich die "Engel des Karma", die *Kindel*, mit diesen zukünftigen Kindern der dritten Dimension. Einer der "Kindel-Engel" wacht über den Verlauf der gesamten Evolution einer einzelnen Seele. Etwa ein Jahrhundert vor deren nächster Inkarnation wird dieser "Engel des Karma" die Seele aufsuchen oder sie zu sich rufen. Er und der Mensch werden sich ausführlich jene Bedürfnisse, Wünsche und karmischen Auswirkungen vor Augen halten, denen letzterer in dem kommenden Leben begegnen wird. Nach dieser Zusammenkunft formt der *Kindel* langsam, sorgfältig und voller Weisheit das, was unter dem Namen "Lebensplan" bekannt ist. Bevor der endgültige Plan aus mentaler Energie geformt wird, werden viele einzelne Strukturen gebildet. Eine davon besteht aus all den wesentlichen Individuen, denen der Mensch verdient zu begegnen. Eine weitere benennt die bedeutsamen Ereignisse, wie Krisen mit geistigen Umwandlungsprozessen, die er sich verdienen kann. Eine dritte bezeichnet die karmischen Einwirkungen, die sich sowohl auf die Gesundheit als auch auf die Zeitspanne des Lebens beziehen. Eine vierte ist mit den karmischen Schulden verknüpft, die das Individuum dem Leben gegenüber noch zu erfüllen hat.

Diese verschiedenen Strukturen werden dann zu einem Muster aus mentaler Essenz verwoben, das für den Zeitraum des Erdenlebens in der Herzregion des Mentalkörpers verbleibt. Das Inkarnationsmuster enthält zahllose Symbole, die die Grundstruktur der kommenden Jahre beinhaltet. Einige werden als "Offene Schlüssel-Perioden" bezeichnet, andere als "Ausgefüllte Schlüssel-Perioden". Während eines Tageslaufes treten die verschiedenen Strukturen dieses wichtigen Musters in den Vordergrund, wobei sich jede auf Erfahrungen, Begegnungen und mögliche Erfolge oder Enttäuschungen bezieht, welchen der Mensch ins Auge sehen muß.

Offene und geschlossene (auch ausgefüllt genannt) Schlüssel-Perioden erfordern ein tieferes Verständnis vom Menschen, denn ihnen kommt eine gewichtige Bedeutung zu. Die geschlossenen Schlüssel-Perioden beziehen sich (grob ausgedrückt) auf vorbestimmte Ereignisse, welche auf einen Menschen zukommen, da er Kräfte freigesetzt hat, die zu diesem Ereignis hinführen. Er schickte sie auf den Weg, lange bevor sein Inkarnationsmuster deren lebendige Konsequenzen in sich trug.

Vieles von dem, was Menschen zustößt, trifft sie in derselben Lebensphase, in denen sie mit ähnlichen Begebenheiten in der Vergangenheit konfrontiert wurden. Angenommen, dich verband in deiner letzten Inkarnation ein eher geistiges als ein Familienband mit einem anderen Menschen, den du später enttäuschtest. Es wird sich ergeben, daß du ihn in dem nächsten Leben, in dem ihr beide physisch verkörpert seid, wiedertriffst, um die Prüfung erneut zu durchschreiten, in der Hoffnung, diese Verbindung auszugleichen.

Ähnlich wird man vergleichbaren Leiden ausgesetzt sein, wenn auch nicht identischen Krankheiten, die man in vergangenen Prüfungen nicht fähig war zu überwinden, da die Selbstkontrolle zu schwach ausgebildet oder unwirksam war. Die entsprechenden Ereignisse werden durch die Bewegungen jenes hochempfindlichen Lebensplanes aus mentaler Energie ausgelöst werden. Er webt, in der Bewegung, die Strukturen, die für den Menschen die hilfreichsten und passendsten sind. Geschlossene (oder ausgefüllte) Schlüssel-Perioden bringen jene Aufgaben mit sich, mit denen man sich erneut beschäftigen sollte oder auch Verdienste und vielversprechende Gelegenheiten, die man sich in der Vergangenheit erworben hat. Daher mag ein Mensch in der jetzigen Inkarnation auf verbesserte Voraussetzungen vom Elternhaus oder in der kindlichen Entwicklung stoßen — Vorteile, die in großem Maße die Entwicklung fördern werden, was er später erkennen wird.

Es gibt bemerkenswerte Schlüssel-Perioden in einem Lebensplan, die als unbeschrieben oder strukturlos zu charakterisieren sind. An dieser Stelle soll man nicht beeinflußt werden, da man "selbst zu entscheiden hat", wie diese neuen Entwicklungsphasen aussehen sollen. Diese offenen Schlüssel-Perioden sind in jedem Lebensplan enthalten, um neue Zielrichtungen, innere Wandlungen oder erneute Gelegenheiten zur spirituellen Meisterung zu eröffnen. Sie erlauben es einem Schutzengel, mit jenem *Kindel* in Kontakt zu treten und Rat von ihm einzuholen, der für die Ausgestaltung des Lebens seines Schützlings verantwortlich ist.

Es ist unmöglich, die endgültige und zutreffende Reaktion eines Menschen auf wiederholte Prüfungen, die er einstmals nicht bestand, vorherzusagen. Es wird eine Zeit kommen, in der er nicht mehr versagt; und daher sind die offenen Schlüssel-Perioden so wesentlich. Werden sie angesprochen, hat man auf allen Bewußtseinsebenen den Eindruck, von allen gewohnten Erfahrungen, Gefühlen, Meinungen und Sicherheiten der Vergangenheit losgelöst zu sein. Offene Lebensperioden sind für denjenigen, der sie auszugestalten hat, schwierig zu bewältigen. Doch für die Seele handelt es sich um die herbeigesehnten Zeiten, denn durch sie vermag das Individuum sein Wachstum zu beschleunigen — zu innerer Reife und geistiger

Vervollkommnung zu gelangen. Es mag in der Lage sein, sich selbst, aufgrund innerer Einstellung, vollständig auf neue Beziehungen, Talente und Umstände auszurichten. Zu einer solchen Zeit wird den Menschen kein Schicksal fordern, ausgenommen jenes, welches er nun durch seine eigenen Taten und Reaktionen, mit seinen eigenen Entscheidungen selbst schafft. Achte daher besonders auf jene Zeiten, in denen du auf einem großen Meer zu segeln scheinst. Konzentriere dich darauf, in ihnen den höchsten und mutigsten Teil deiner selbst auszuleben — mit stärkstem Bezug zur wahren Wirklichkeit. Offene Schlüssel-Perioden erlauben es dir "eine Klasse zu überspringen", wie man sich auf den Schulen der Welt ausdrücken würde. Sie befähigen dich, die karmische Schuldenlast, welche die geschlossenen Phasen bestimmt, schneller abzutragen.

In diesen Lebensabschnitten, in denen der Mensch nicht durch seinen Lebensplan in Form von festgelegten Begebenheiten beeinflußt wird, führen ihm Mitglieder der Hierarchie der Meister, die an seiner Entwicklung interessiert sind, Lehrer, neue Freunde, ungewöhnliche Beschäftigungsformen und Entdeckungen zu, die ihm einen frischen Impuls und eine erweiterte Sichtweise vermitteln.

Die strahlenden, mächtigen "Engel des Karma" dienen unter der Leitung ihres eigenen geistigen Königs. Ihnen steht ein intimerer Zugang zu Ihm offen, als oftmals einem Menschen zu seinem Meister. Gelegentlich unterliegt ein Mensch der dauernden Prüfung eines *Kindel*, der für ihn und viele andere Erdenbewohner verantwortlich ist.

"Engel des Todes" sind fast immer weiblich. Doch rebellierende Seelen und jene, die sich weigern, sich von ihrer physischen Form aufgrund zu starker Bindungen an die äußere Welt zu lösen, werden unter dem starken Energiestrom einer kleinen Gruppe männlicher Engel eingereiht werden, die dem wunderbaren kosmischen Energiefluß dienen, der den physischen Tod bewirkt.

Ein Schutzengel, der ein Verblaßen des Lebensmusters seines Schützlinges bemerkt, wendet sich an die machtvolle Gruppe der "Engel des Todes", die den Ruf von der kausalen Dimension her beantworten und beginnen, die Lösung des Erdenpilgers von seinem physischen Gefängnis vorzubereiten. "Engel des Todes" dienen der Evolution als Erzengel.

V. Die Hilfe der Engel für unverbesserliche Seelen

Wir wollen unsere Betrachtungen der Wunder und Mysterien des Reiches der Engel erweitern, indem wir uns ihm von einer anderen Richtung her nähern. In diesem Kapitel wollen wir uns mit Diensten der Engel beschäftigen, die voller Vertrauen und in liebendem Bemühen zum Wohle von unverbesserlichen Menschen verrichtet werden. Dazu ist es wesentlich, zu verstehen, wie das Leben jener verläuft, die extrem vom eigenen Willen geprägt sind und vielfältige Arten von Herausforderungen für Menschen heraufbeschwören, die sich auf gesunde Weise fortentwickeln. Wie schon aufgezeigt, liegt der Hauptunterschied zwischen der Evolution der Engel und Menschen in der Art und Weise der Entwicklung. Engel reifen über ihre "Arbeit". Menschen nähern sich Gott durch die "Selbstüberwindung". Je mehr Arbeit Engel erfolgreich abschließen, um so eher bereiten sie sich auf eine höhere Einweihungsstufe vor.

Eine interessante Gruppe himmlischer Helfer ist jene der *Amenlee*. Sie sind einzigartig, da sie sich ausschließlich um die "Unverbesserlichen" kümmern. Die *Amenlee* gehören zu den "Engeln des Schicksals" und stehen im Rang eines Schutzengels. Die meisten Menschen, die sich normal fortentwickeln, erhalten neue Anregungen durch eine Gruppe der "Engel des Schicksals", die von dem *Imli* angeführt wird. Dabei ist oftmals ein Kampf zwischen den niederen und höheren Kräften im eigenen Selbst auszufechten. Hilfe wird uns dabei durch jene Schar von Engeln zuteil, die mit den *Imli* in Verbindung gesetzt werden, indem uns durch sie zu solchen Zeiten unser eigenes Inneres offenbart wird. Doch gibt es tragische Ausnahmen vom normalen Entwicklungsweg. Sie finden sich bei jenen, die Eigenschaften besitzen, die zerstörerisch auf die Natur und nachteilig auf sie selbst und andere wirken.

Nachdem ein Schutzengel und ein *Remliel* jene umherirrenden Individuen beobachtet haben, ziehen sie, falls sie diese normalen spirituellen Einflüssen gegenüber abweisend vorfanden, einen *Amenlee* hinzu. Ein Mensch, der an hochmütigem Stolz krankt, wird von einem *Amenlee* betreut, der diesen Fall auf jeder Ebene, auf der er wirkt, aufgreift. Nachdem eine vollständige Prüfung der Vergangenheit dieses Menschen vollzogen wurde, die eine Betrachtung seiner Tugenden und seiner Schwächen beinhaltete, wird auf verschiedenen Wegen auf seinen pervertierten Willen Einfluß genommen. Ein *Amenlee* mag den Rebellen der Gesellschaft spiritueller, starker Seelen oder heilsam wirkender normaler Menschen zuführen, deren Wille auf das Gute gerichtet ist. Die benötigte Zeit zur Erforschung einer solchen Seele variiert verständlicherweise von Mensch zu Mensch. Jene, die zerstörerische und auf das eigene Ich ausgerichtete Gewohnheiten angenommen haben, deren Naturell jedoch im Grunde unverdorben und offen ist, ändern sich oftmals schon durch das reine Beispiel.

Verharrt ein Mensch unter diesen ersten Einwirkungen unbewegt und unbeeindruckt, mag der *Amenlee* ihn mit Lehrern kraftvollen Energiepotentials oder ungewöhnlicher Spiritualität vertraut machen. Ergibt sich daraus eine unvorteilhafte Reaktion, werden völlig neue und oftmals aufrüttelnde Ereignisse von grundlegender Bedeutung vorbereitet. Damit ist die Hoffnung verknüpft, daß diese neuen Faktoren, im Kontrast zu der alten Situation, dem Menschen zu konstruktiven Bemühungen und einer verbesserten Einstellung verhelfen.

In schwierigen Fällen vermögen nur Prüfungen der einschneidendsten Form eine sich widersetzende Seele zum Wandel zu bewegen. Nach einer Weile wird der *Amenlee* sich erneut mit der Seele beschäftigen, um zu prüfen, wie tief sein Schützling auf den inneren Ebenen durch die schweren, demütigenden und leidbringenden Erfahrungen angerührt wurde. Manchmal fügen sich Rebellen, die ernsthaften Prüfungen ausgesetzt werden und sich vordem unbeeindruckt anderen Maßnahmen gegenüber zeigten, in die dringende Notwendigkeit der Hingabe des eigenen Selbst.

Jene, die ausgesprochen unempfindlich auf die Einwirkungen der Engel reagieren, befinden sich in einer sehr mißlichen Lage. Ein Engel, der eine Lebensspanne oder länger darum gekämpft hat, die Seele eines Menschen aus dem Abgrund der Sinnlosigkeit oder Kriminalität herauszureißen, mag erkennen müssen, daß eben diese Seele — aufgrund ihrer Verstocktheit — unerschütterlich den Weg der unmenschlichen, dämonischen Intelligenzen wählt. In einem solchen Fall wird der *Amenlee* fortgeschrittenere und erfahrenere Engel aus seinen Reihen hinzuziehen, damit diese seine Arbeit unterstützen und neue Wege zur Wandlung in Erwägung ziehen. Oftmals ist es für den höher gestellten *Amenlee* sinnvoller, sich selbst des Menschen anzunehmen und erneut zu versuchen, diesen aufzuwecken. Viele der Therapien, die der erste *Amenlee* bereits ausführte, mag der andere noch einmal wiederholen und dabei in gewissen Abständen Neues dazwischenstreuen. Manchmal bewirkt allein der Austausch des himmlischen Helfers, daß der Mensch etwas Ungekanntes erspürt und so, bis zu einer gewissen Grenze, ein Interesse für die Vorgänge um sich herum entwickelt.

Es gibt Individuen, die derart unempfindlich, unmenschlich und nur auf sich selbst fixiert sind, daß der zweite *Amenlee*, der sich um die Gesundung des Rebellen bemüht, sich an einen Erzengel wenden muß, der den Helfern des Großen Streiters, des *Erzengel Michael*, angehört, um so deren weitergehende Kräfte zu erbitten. Erzengel, die mit dem Bösen kämpfen, mögen der Hilfe der *Imli* bedürfen. Die *Imli* wiederum mögen sich an die übergeordneten Mächte in der Engelevolution wenden, um den zu behandelnden Fall zu überschauen und einen Rat, die bestmögliche Hilfe betreffend, zu geben.

Nur eine verschwindende Zahl Menschen zeigt sich unempfindlich gegenüber allen Versuchen, vom Schutzengel angefangen bis zu den Strahlenden Mächten. Eine solche Seele, die den zahlreichen Helfern gegenüber, die ihm gesandt wurden, vollständig unbeweglich und abgewandt verharrt, wird schließlich aus der Sorge der Engel entlassen, die sich um die Befreiung der Menschheit kümmern. Eine ganz andere Wesenheit wird nun bemüht. Dieser Geist der Anmut und Gnade braucht nicht gerufen zu werden, denn Er ist immer bereit und willig, die Verantwortung für einen dieser tragischen Fälle zu übernehmen. Für die Betroffenen handelt es sich um die letzte Instanz. Durch diesen himmlischen Helfer wird ihnen ein selbstloser Dienst zuteil, der auf eine wunderbare Weise das gesamte Wahrnehmungsvermögen und Verstehen eines Menschen umwandelt. In diesem letzten Bemühen, jenem Verirrten zu helfen, nehmen Himmlische Wesenheiten in unvorstellbarem Erbarmen einen Teil der Verantwortung für dessen Evolution auf sich und helfen so dem Unverbesserlichen auf eine Art, die seine Verdienste und auch seinen eigenen Willen weit übersteigt. Bei jenen menschlichen Rebellen haben wir es mit den traurigen Wesen zu tun, die sich auf die Grenze zwischen zwei Welten zubewegen — der menschlichen und der dämonischen. Sie erscheinen wie Kreaturen, die bar menschlicher Gefühle und deren einzige Regungen sadistisch oder dämonisch sind, da sie sich dem Zustand inhumaner Intelligenz nähern. Doch nur selten werden diese Seelen nicht durch die sie umgebende zarte und erbarmungsvolle Liebe gerettet. Die verhältnismäßig wenigen unglücklichen Individuen, die sich in die Reihen der destruktiven Evolutionslinie eingegliedert haben, zeigten sich dem menschlichen Entwicklungspfad gegenüber, dem Weg der freiwilligen Hingabe des Selbstes an die Ewige Gottheit, fremd und untauglich.

VI. Die Hüter der Tiere

Als nächstes wollen wir uns jenem Zweig himmlischen Lebens zuwenden, der sich unter der "Woge der Quelle des Lebens" entfaltet und der den Tieren gewidmet ist. Die meisten, die sich mit den höheren Aspekten der spirituellen Wirklichkeit beschäftigen, werden diese Helfer unter der Bezeichnung "Gruppenseele" zu fassen trachten. In den Inneren Welten sind die höchsten Engel, die sich um die Tiere bemühen, als *Aqui* bekannt. Diese Schar besitzt zwei Tätigkeitsbereiche. Die eine Gruppe untersteht den Engeln der Natur, die ihre Aufgabe darin sehen, für das physische Wohl der Tiere zu sorgen. Diese werden *Folatel* genannt. Sie wirken auf die einzelnen Kreaturen über Frequenzen ein, die, wie in den höheren Welten bekannt, über "Mentonwellen" verbreitet werden. Dieses 'Gedanken-Band' wird anstelle des schlafenden Mentalkörpers bei jungen Menscheninkarnationen verwandt. Da Tiere keine entwickelten mentalen Fähigkeiten besitzen, müssen sie durch den Willen und die Geisteskräfte höherer Wesen geleitet werden, die danach streben, den Bedürfnissen der Evolution intelligent zu dienen. Mit Hilfe der "Mentonwellen" versteht es der *Folatel*, die Tiere auf die beste Weise zu beeinflussen und ihren Instinkt dahingehend zu lenken, daß sie es vermögen, Futter und Unterschlupf zu finden, Nachkommen zu zeugen und für sich selbst im Krankheitsfall oder in Gefahr zu sorgen.

Viele von euch mögen sich nach dem Zweck von kleinen Tieren gefragt haben, wie zum Beispiel der Nagetiere auf den Feldern, die von nicht wenigen Menschen als Plage angesehen werden. Den *Folatel* ist die Entscheidungsgewalt über dieses Leben gegeben. Einem aus ihren Reihen, dessen Engelevolution noch am Anfang steht, wird die Aufgabe übertragen, die Instinkte dieser sehr kleinen und unentwickelten Lebewesen zu lenken. Der für sie zuständige *Folatel* ist an ihren schnellen Geburts- und Todesfolgen interessiert, damit sie sich so in konstruktivere Formen weiterentwickeln können, in welchen jede Energie immer wieder gipfelt.

Die Angehörigen der zweiten Gruppe jener Helfer werden *Budiel* genannt. Diese Engel sind für den Fortschritt und das Wachstum der individuellen Aspekte der einzelnen Geschöpfe der Tierwelt verantwortlich. Die Verbindung dieser Engel zu den "Engeln des Schicksals", die die Menschen anleiten, ist damit leicht zu erkennen.

"Budiel-Engel" achten auf jene Tiere, die beginnen, individuelle Merkmale zu entfalten. Tendenzen dieser Art machen sich schon bemerkbar, bevor die Stufe eines Haustieres erreicht wird. Von diesem Zeitpunkt an werden die charakteristischen Eigenheiten von den Engeln behütet, umsorgt und bestärkt, die danach streben, Eigenschaften an ihren Schützlingen zu pflegen, die über deren Instinkt hinausgehen.

In beiden Engelgruppen lassen sich Abstufungen der Entwicklung aufzeigen. In den Reihen der *Folatel* finden sich oftmals Devas, die auf den Übergang ins Engelreich vorbereitet werden. Diese jüngeren Helfer geben ihren Teil, indem sie die Entfaltung des Lebens im Meer segnen und beobachten, aus dem das Leben der Säugetiere hervorging. Höher entwickelte *Folatel*, insbesondere jene, die sich bereits auf der Stufe der Engel befinden, zeigen nach und nach eine Vorliebe für die Arbeit mit einer bestimmten Tiergattung. Man könnte es auch so ausdrücken, daß sie eine gewisse Vorliebe für Tiere auf einem bestimmten Strahl gewinnen. Aus diesem Grund findet man auf dem sechsten Strahl Aqui, die schon früh ihre Neigung für den Schutz von Leben, welches das Merkmal der Hingabe betont, zutage haben treten lassen. Sie helfen, die Evolution jener Geschöpfe zu beschleunigen, die sich über die Stufen von Schakalen, Kojoten, Füchsen, Wölfen und Hunden entwickeln.

Es ist einem Engel in den höheren Welten gestattet, ausschließlich vertrauensvoll mit wilden Tieren zu arbeiten; sie von der Grenze des

Astralbereiches aus durch die Mentonwellen, die diese Geschöpfe beherrschen, zu leiten. Ein *Aqui, Folatel* oder *Budiel* überwacht Hunderte von Tieren einer Art. Je jünger der Engel, um so begrenzter wird auch die Anzahl seiner Schützlinge sein. Ist der Engel weiter fortgeschritten, so wird auch sein Arbeitsfeld umfassender, sein Zugriff auf die ihm Anvertrauten direkter sein.

Im Fall des Todes werden die permanenten Atome jedes Körpers, der als Hülle für ein Tier diente, als ein Kern wichtigen Lebens aufbewahrt und wieder aktiviert, wenn eine erneute Inkarnation bevorsteht. In diesem nächsten Leben wird das Tier auf einer Ebene wirken, die eine Bewußtseinsstufe höher liegt als zuvor, und es wird einen Körper bewohnen, der den letzten übertrifft.

Nur unter den entwickelteren Tieren, die bereits zahm sind, finden sich Parallelen zu dem, was bei den Menschen als Karma bekannt ist. Gelegentlich zeigt ein Elefant, ein Pferd, eine Katze oder ein Hund Spuren extremer Grausamkeit oder Bosheit. In einem solchen Fall wird das Geschöpf immer wieder "auf den alten Platz" gestellt, auf dem seine Konflikte entstanden, bis diese zerstörerische Kraft verschwunden ist. Insekten und Tiere, die die Erde plagen, fühlen nur selten einen solch tiefen Schmerz wie Menschen. Der Tod stellt für sie einen unkomplizierteren Prozeß dar als für höher entwickelte Wesen.

Die *Aqui,* die dafür verantwortlich sind, die individuellen und die noch in Gruppen zusammengefaßten Geschöpfe solange zurückzuschicken, bis sie zu den Haustieren geworden sind, erlauben es den Jüngsten von ihnen, wie z. B. Insekten, nur ein paar menschliche Tage zu leben, bevor ihr Lebenskern erneut, mit einem neuen Gewand physischen Lebens, auf die Erde gesandt wird. Bei den höher stehenden Tieren müssen die Zeiten für die Inkarnationen geplant werden; daher sind die Verkörperungen nicht so zahlreich. Bei Pferden, Affen, Elefanten, Hunden und Katzen mögen Jahre vergehen, bevor sie wieder auf die Erde zurückkehren. Tritt ein Tier zum letzten Mal in ein physisches Leben ein, wird es ebenso sorgfältig beobachtet, wie ein Schutzengel über seinen Schützling wacht.

Der Welt sind bisher nicht viele Lehren über diesen Pfad des Lebens zuteil geworden, dennoch wurden Mißinformationen laut, die einigen Suchenden glauben machen wollten, daß Tiere keine Seele besitzen, nicht einmal ausgebildete Astralkörper. Je nach Entwicklungsstufe des Geschöpfes sind seine höheren Körper immer klarer strukturiert. Kommt die abschließende Inkarnation für ein hoch entwickeltes Tier, erkennt es den rechten Gebrauch für all die Werkzeuge, die ihm gegeben wurden. Mit der Individualisation entläßt es der *Aqui* in die Obhut der "Engel des Schicksals", die einen Wandel in der Zusammensetzung der permanenten Atome veranlassen. Die Atome eines jeden Körpers sind in charakteristischen Matrizen angeordnet. Diese Matrizen werden nun bewahrt, manchmal für ganze Zeitalter, bis ein Planet vorbereitet wurde, um die nächste Lebenswoge aufzunehmen und zur Entfaltung zu bringen.

Die permanenten Atome der Tiere, die zur Zeit tagtäglich zur Individualisation oder zur Freiheit aus ihrer Existenz als Tier gelangen, werden für den zukünftigen Gebrauch auf dem Planeten Jupiter aufgespart, wenn dieser in der Lage sein wird, physisches Leben zu beheimaten. Die Tiere der Erde werden schließlich zu den Bewohnern des Jupiter werden — nicht länger als Tiere, sondern als eine primitive Form von Männern und Frauen, die dort leben werden, wenn die Erdenphase abgelaufen ist. Tritt dieser Wandel ein, wird das auch eine Änderung in den Aufgaben der *Folatel, Budiel* und *Aqui* nach sich ziehen. Diese Engel werden dann so weit fortgeschritten sein, daß sie höhere Dienste, vergleichbar denen der "Engel des Schicksals" in Bezug auf die Menschen, werden übernehmen können.

Es liegt im Wunsch des Inneren Rates, der vom Geistigen her alle Lebensformen beaufsichtigt und unterstützt, daß jede menschliche Familie ein Haustier beherbergt und jedes Herrchen oder Frauchen eines solchen Schützlings Sorge trägt für die Förderung dessen Intelligenz und Fortschritt in schöpferischer Verhaltensweise. Die Menschheit sollte die Geschöpfe lieben und sich vor Augen halten, daß diese sich nur zeitweise in der Form eines Tieres befinden. Nach der Individualisation wird deren Evolution wesentlich schneller voranschreiten als die den Menschen bekannte. Schon heute vermag man in den auf Erden hochgepriesenen Vollbluttieren die zukünftigen Führer einer neuen Zivilisation an den Ufern eines anderen Planeten zu erahnen. Es ist weiterhin der Wunsch der Hierarchie, im Mensch eine größere Sympathie, stärkere Liebe und tätige Freundlichkeit den Tieren gegenüber zu entfalten. Anstelle von Jagd und Fallenstellerei mag er sich bemühen, die faszinierenden Gewohnheiten der Geschöpfe zu studieren und so selbst durch mehr menschliches Interesse und vermehrte wissenschaftliche Erkenntnis davon zu profitieren. Eine große Bruderschaft muß sich zwischen den älteren und jüngeren Lebensformen spannen.

Der Mensch wird solange nicht die Welt der Engel kennenlernen, die sich über ihm erstreckt, bis er nicht eine Einheit mit all seinen Brüdern, den Tieren bildet.

VII. Hüter des Lebens von Fischen und Vögeln

Die Gruppenseele setzt Impulse in drei großen Bereichen nicht-menschlicher Existenz. Davon betroffen ist die Evolution der Fische, der Vögel und der Säugetiere. Da es sich bei den Fischen um eine primitive Form der Entwicklung handelt, beeinflussen sie nur zwei Gruppen von Devas. Die jüngeren von ihnen sind als *Pentee* bekannt. In ihrem Arbeitsfeld liegt die Ordnung der festen Gewohnheiten, die die zyklischen Erfahrungen der Fische beherrschen. Die andere Gruppe setzt sich aus den höher entwickelten *Twan*-Devas zusammen, die die Evolution von Arten innerhalb des Wasserelementes überwachen, eingeschlossen Säugetiere, die hauptsächlich in diesem Element leben.

Eine ähnliche Unterteilung der Aufgaben findet sich bei den Heerscharen der Devas, die für die geflügelten Geschöpfe verantwortlich sind — wie z. B. normale Vögel, die in früheren Zeiten ihrer Entwicklung zu harmlosen oder sogar nützlichen Insekten zählten. Bei vielen Insekten der Erde handelt es sich jedoch um eine lebendig gewordene Ausdünstung der niedersten Bereiche des ätherischen Planes. Sie sind die pervertierten Gedanken oder Taten der Menschen, die sich nun von außen gegen diese wenden. Dies trifft nicht auf die Insekten zu, die eine hilfreiche Arbeit leisten. Lästige und schädliche Insekten entwickeln sich oftmals zu Raubvögeln, die nicht nur von den Tieren, sondern auch von den Menschen gefürchtet werden. In dieser Abhandlung wollen wir uns jedoch ausschließlich mit den "positiven oder schöpferischen" Reihen der Devas und himmlischen Intelligenzen beschäftigen.

Letztendlich werden alle nützlichen geflügelten Geschöpfe in das unsichtbare Element des Luftreiches zurückkehren, wo sie sich langsam zu Devas dieses Elementes entwickeln werden. Die Erde bedarf der physischen Hilfe der gefiederten Wesen. Aus diesem Grund traten sie in die körperliche Existenz.

Die Gruppe, die jener der *Pentee* entspricht, wird in der Evolution der Vögel als *Seezal* bezeichnet. Die meisten von ihnen schreiten in der eigenen Entwicklung durch ein Wachen über fortgeschrittenere Vögel voran, durch eine Arbeit aus vollem Herzen, indem sie die Grundlinien der Fortpflanzung und des Vogelzuges festsetzen, für jede Art, der sie helfen.

Devas, deren Interesse sich auf spezielle Arten oder Gattungen richtet, entscheiden auch, wieviele Leben ein Vogel in einer bestimmten Vogelart benötigt. Ihnen ist der innere und der äußere Aspekt der Evolution der Vögel anvertraut. Diese zweite Gruppe von Devas wird *Twilvee* genannt.

Beide, die *Seezal* und die *Twilvee*, verrichten ihre wichtigen Aufgaben unter der Obhut der *Aqui*, die allen Bereichen aus der Fisch-, Vogel- oder Säugetierwelt, denen die Gruppenseele dient, voranstehen.

VIII. Naturgeister der Erde

Wir wollen mit einer Beschreibung jener Naturgeister beginnen, mit denen der Mensch vertraut sein sollte. Alle sind verbunden mit der Ersten Emanation des Schöpferischen Logos. Wärst du in der Lage, die herrlichen und zarten Formen zu schauen, die unsichtbar ihren Dienst um uns herum verrichten, das Leben wäre nie mehr monoton — nur noch ein göttliches Entzücken voller Dankbarkeit über diese Helfer. Indem wir uns jener Gruppe zuwenden, die als die "Erdgruppe der Devas" bekannt ist, wollen wir zu einem Überblick über die elementarsten Intelligenzen gelangen, die den Erdenkörper segnen.

Bei den *Frakins* handelt es sich um die jüngsten Wesen, die sich mit dem Ätherkörper der Erde beschäftigen. Sie haben etwa eine Größe von zwanzig bis dreißig Zentimetern. Es sind wunderschöne Geschöpfe von kindlichem Aussehen, das weibliche oder männliche Eigenschaften ausdrückt, je nachdem, welche ihnen zu eigen sind. Die *Frakins* versorgen die einfachsten Zellen des Lebens vom ätherischen Plan mit Energie. Ihre Aufgabe besteht darin, rhythmisch zu atmen, was einen Einfluß auf die Oberfläche der Erde und bis etwa einen Meter unter sie ausübt. Für alle diese Helfer unseres Planeten ist es ganz selbstverständlich, jede Form, der gedient wird, zu imprägnieren, zu stärken und mit Energie zu versehen. Sowohl hier als auch in höheren Sphären wird diese Arbeit nicht mit den Händen, sondern durch den Rhythmus des Atems bei jungen und durch schöpferische Intelligenz bei fortgeschritteneren Lebenformen versehen.

An dieser Stelle soll noch einmal daran erinnert sein, daß das Reich der Engel keinen freien Willen in der Form, wie er der Menschheit zu eigen ist, kennt. Vom Logos angefangen bis zur geringsten Kreatur ist allein Gottes Wille — der Wille des Guten — maßstäblich und geachtet. Aus diesem Grunde zieht sich durch das ganze Reich der Engel — vom höchsten bis zum unentwickeltsten Wesen — ein Netzwerk direkten Gehorsams dem Willen des Höchsten gegenüber.

Die *Frakins* sind, wie alle Wesen, die einen ätherischen Körper tragen, Geburt und Tod ausgesetzt. Im Gegensatz zu den Menschen werden sie jedoch nicht von einer Mutter geboren. Sie werden von Intelligenzen geformt, die sie aus elementarer ätherischer Essenz gestalten. Die jüngsten Wesen leben in der ätherischen Hülle unseres Planeten; im Falle der *Frakins* für ein Jahrhundert, im Falle der *Gnomen* für mehr als drei Jahrhunderte. Letztere gehören zu einer älteren und weiter entwickelten Lebenswoge.

Die nächste Intelligenzstufe, die wir betrachten wollen, trägt Leben, das in etwa unserem eigenen Entwicklungsabschnitt entspricht. Sowohl in den äußeren als auch den inneren Welten nennt man diese Wesen *Elfen*. Sie sind größer als die *Frakins*. Ihre Vitalität ist stärker und ihre Form ausgeprägter. Ihre Größe beträgt nicht weniger als fünfunddreißig Zentimeter, manchmal erreichen sie auch fünfzig bis sechzig Zentimeter, insbesondere dann, wenn sie kurz davor stehen, in die Evolution der *Gnomen* einzutreten. Wie bei all diesen kleinen Wesen vergrößert und verkleinert das beständige Ein- und Ausatmen ihre Körperhöhe in jedem Moment. In den Augenblicken der Ausdehnung wird ihre verborgene innere Schönheit sichtbar und die Möglichkeiten zukünftiger Entfaltung lassen sich erahnen. Bei der Atmung in der Welt der Devas handelt es sich um einen langsameren und tieferen Prozeß als jenen, den der Mensch zum Nutzen seines physischen Körpers kennt.

Den Elfen ist der Dienst an den kleinen Pflanzen anvertraut — keine Blumen, sondern Gewächse, die zu Büschen heranwachsen und eine Größe von vier Metern oder mehr erreichen können. Da sie keinen freien Willen besitzen, — sie leben in dem sie lenkenden Großen Willen, der sie inspiriert — bewegen sich diese Geschöpfe in ihrem Bereich durch instinktähnliche Führung. Jedesmal, wenn sie sich von einem Gewächs zum nächsten begeben, wird in der ätherischen

Hülle dieser Pflanze eine Zirkulation angeregt und dadurch das Leben erhalten und gestärkt.

Gnomen entsprechen kaum, außer in der Größe, dem Bild, das die Menschen von ihnen gezeichnet haben. Anstelle von Kleidung sind sie mehr mit einer Erscheinung angetan, die an Blumen und Blätter erinnert. Sie sind die größten bisher in diesem Buch erwähnten Elementarwesen. Sie sprechen sehr auf sorgsame Führung an und sind weiter entwickelt als die intelligentesten Haustiere der Menschheit. Untereinander geben sie sich Namen und kämpfen mit ihren Freuden, Ängsten und Enttäuschungen in vergleichbarer Weise wie die Menschen. In den Erzählungen für Kinder, die auf altes Volksgut und Legenden zurückgehen, werden Wesen aus dieser Gruppe gelegentlich "Heinzelmännchen" genannt.

Ihr Dienst besteht darin, sich in der ätherischen Welt in der Nähe von Felsen aufzuhalten, die oberhalb oder unter der Erdkruste liegen. Zusammen mit den *Gnomen* lautet ihr Ruf zur Tat: „Erwachet! Erwachet, all ihr schlafenden Formen — öffnet euch dem Leben!"

Um in näheren Kontakt mit den unterschiedlichen Gruppen der Welt der Devas zu gelangen und von ihnen beachtet zu werden, muß man sich ihren speziellen Arbeitsfeldern zuwenden, sowie ein echtes Interesse daran entwickeln. Ist der Mensch in der Lage, den Ackerboden, Büsche, Felsenformationen, Bäume und große Berge zu lieben, werden ihm jene selbstlosen Wesen ihre Beachtung schenken, die, vom Augenblick ihrer Schöpfung bis zu ihrer Vollendung nach Äonen, erfüllt sind vom Geist der Selbsthingabe. Sollte sich einer der *Gnomen* für einen Menschen interessieren, mag er seine Reichtümer diesem menschlichen Freund gegenüber enthüllen. Sie mögen recht bescheiden ausfallen, obgleich sie auch auf ein Mineralvorkommen hinweisen können, das einen Wert in der äußeren Welt darstellt.

Wann immer der Mensch die ätherischen Bereiche der Natur mit seinem üblen Geruch und seinen egoistischen Angewohnheiten vergiftet — wo immer er die Vorratskammern einiger Bewohner des Reiches der Devas erbarmungslos ausbeutet — zieht er ernste Strafen auf sich. Manchmal mögen ihn, vielleicht ein oder zwei Leben nach seinem Vergehen, große Felsbrocken erschlagen oder Stürme und Erdbeben sein schuldhaftes Leben beenden. Der Mensch, der gewaltsam mit der Natur umgeht, wird auch oftmals gewaltsam durch sie getötet. Jener jedoch, der die Weisheit und die Dankbarkeit des Geistes besitzt, die Bereiche und Tempel der Devas voller Ehrfurcht zu behandeln, wird sich der ewigen Loyalität und Ehrerbietung der hilfreichen übernatürlichen Wesen gewiß sein dürfen. Über den *Gnomen* stehen die *Oreaden*. Dies sind die Intelligenzen, die sich darum kümmern, das Leben all der großen Formen pflanzlicher Existenz zu entfalten. Noch vollkommener als diese sind die "Baumdevas", deren Körper, der Höhe nach, etwa den Bäumen entsprechen, die sie mit Energie versorgen. Noch höher gestellt sind die *Allrays*, die Engel der Gipfel. Sie bilden ein Heer von intelligenten Wesenheiten, die ein ganzes Gebiet durch ihren vergeistigten Willen lenken. Sie wählen für sich die höchsten Bergesspitzen, von denen aus sie ihren Segen ausströmen lassen.

Von der Stufe der *Oreaden* an beschäftigen wir uns mit Leben, das nicht nur ätherische, sondern auch astrale, mentale und kausale Wirkungen, eine göttliche Motivation eingeschlossen, hervorbringt. Die *Allrays* wirken ausschließlich in ihren Mentalkörpern; doch während Neu- und Vollmondphasen treten sie auch in den Astralbereich der Erdaura ein. Zur Weihnachts- und Osterzeit steigen sie ebenfalls bis in die Astralebene hinab.

Über den *Allrays* stehen die Meister der Devas, die *Allsees*. Ihr Symbol ist das eines einzelnen Auges. Sie schauen auf zu den Herren der Devas, deren Höchster aus den Bereichen des Mount Everest heraus wirkt. Bei dieser Hohen Wesenheit handelt es sich um einen Eingeweihten der Sonne. Alle Intelligenzen der Erdgruppe der Devas besitzen eine Verbindung zur Sonne. Werden sie aus ihren Pflichten, einen physischen Planeten betreffend, entlassen, werden ihre Körper aus dem physischen Bereich zurückgezogen und gehen erneut in die vielschichtigen Dimensionen der Sonne ein. Im Reich der Sonne erstrahlen, wie in den Sternenwelten, so herrliche und mächtige Heerscharen, daß die Intelligenz des Menschen ins Taumeln geriete, würde er versuchen, deren Dienst zu verstehen.

Es mag hilfreich für euch sein, einen Hinweis auf den König der Devas zu erhalten, der in der Verantwortung für die Planetenkörper dieses Sonnensystemes steht. Von Ihm gehen in rhythmischen Intervallen Anweisungen aus, die zu unumstößlichen Gesetzen für die Engel und das junge Leben aus den Scharen der Devas werden. Aus Seinem Bewußtsein erstrahlt ein Licht und erhellt das Reich der Engel in solchem Maße, daß es über das Verständnis der Menschheit hinausgeht. Jede Minute, wie auch jede Form ist in diesen Lichtmantel eingeschlossen, und alles wird von den farbenprächtigen Strahlen dieser Kraft erreicht, die aus dem Bewußtsein des Königs der Engel, aus dem Zentrum der Sonne heraus, gelenkt wird.

IX. Die Engel des Luftreiches

Die Welt der Engel umfaßt, wie die physische, zahlreiche Gebiete und Tätigkeitsfelder. Ein großer Unterschied zwischen dem Devareich, das sich in das Reich der Engel entwickelt, und dem der Menschen findet sich darin, daß die Bewohner der inneren Welten keinen anderen Daseinssinn kennen als jenen, dem Göttlichen Willen und Plan zu dienen. Angetan mit einem eifrigen und freudigen Streben nach Wachstum, schreiten sie durch ihre Arbeit in Bewußtsein und Rang voran.

Die Welt der Lüfte kennt, wie das Reich der Menschen, Tod und Geburt. Übergänge von einer Form in eine andere vollziehen sich hauptsächlich in den ätherischen Ebenen. Sowohl Engeln als auch Menschen begegnen "Tode" oder Wandlungen in Form und Lebensraum recht häufig. Wann immer die Arbeit in der einen Welt abgeschlossen wurde, erschließt sich der Eintritt in einen neuen Erfahrungskreis. Verbunden mit dem Übertritt in einen neuen Lebensraum ist das Ablegen des Körpers, der das Werkzeug der alten Erfahrungen bildete. Das Kind des Luftraumes ist ein Elementarwesen äußerst winziger Größe. In der gegenwärtigen Literatur wird dieses manchmal *Erbauer* genannt. Auf den inneren Ebenen bezeichnet man diese Geschöpfe als die *Winzlinge*. Sie sind derart klein und unentwickelt, daß sie von den höheren Intelligenzen auf ihrem jetzigen Entwicklungsstand nicht angemessen eingesetzt werden können. In der Welt des Wassers sind sie vergleichbar mit den *Meereströpfchen*. Die *Winzlinge* schillern in Farbe und Schönheit. Sie lieben es, sich zwischen Blumen, Büschen und nahezu in der gesamten Pflanzenwelt zu bewegen. Je größer die Pflanze, um so mehr von ihnen werden angezogen, denn ähnlich wie die Bienen werden sie von ihrem Instinkt geführt, sich in ihrer ätherischen Form durch die Blätter, Stämme und Blüten dieser wunderbaren Welt zu bewegen.

Ihnen ist ebenfalls eine Trennung der Geschlechter zu eigen. Nach dem Maß der Erde leben sie ungefähr zehn Jahre. In schneller Abfolge durchwandern sie ihre Leben in ständiger Mehrung des Wachstums. Kaum ist ein Körper vollendet, wird ihnen bereits ein neuer bereitet, der den alten an Form und Farbe noch übertrifft. Die märchenhaften Berichte, die uns in den Kinderbüchern über Feen gegeben werden, beziehen sich auf diese Wesen, die in Wirklichkeit wesentlich kleiner sind, als die Menschen meinen. Nachdem nicht weniger, aber oftmals mehr, als sechzig Wandlungen der Formen vollzogen wurden, schreiten sie zur nächsten Stufe ihrer Entwicklung weiter. Ihre Bewegungen und ihr Verhalten werden vom Instinkt gesteuert. Sie verstehen kaum was oder warum sie etwas tun, und doch dient ihre Bewegung, ihre Freude und Fröhlichkeit einem Zweck im Atmungsvorgang des Naturreiches.

Das zweitjüngste der Mitglieder des Luftreiches ist als *Zephyr* bekannt. Dieses Wesen besitzt bereits Intelligenz. Es erreicht im ausgewachsenen Stadium die Größe von einem Meter, während seine Schönheit seinesgleichen auf Erden sucht. Der *Zephyr* tritt durch freudige, spielerische oder anbetende Ekstase seiner Eltern ins Dasein. Wie in allen Reichen, die wir in diesem Buch betrachten, finden wir auch in ihrer Welt eine Dualität der Geister. Sie erschaffen und gebären ihre Nachkommen gemeinsam — nicht als Werk der Mutter allein. Diese Schöpfung formt sich außerhalb der devischen Körper. Die Gestaltung erinnert eher an die Entstehung eines Eies als an die Empfängnis, wie sie bei den Menschen bekannt ist. In einer Phase ekstatischer Vereinigung mit den Höheren Intelligenzen der unermeßlichen Welt der Lüfte zerbricht die eiförmige Schöpfung der Eltern, und ihr entsteigt ein kleines, doch schönes Wesen — ein Wesen, das kleiner ist als dreißig Zentimeter, aber in allem ein getreues Abbild seiner Schöpfer. Innerhalb von drei- bis fünfhundert Jahren wird ein *Zephyr* an Gestalt und Geistigkeit dieselbe Reife wie seine Eltern erlangt haben. Individualität offenbart sich in diesem Reich in starkem Maße.

Es kommt die Zeit im Leben eines *Zephyrs*, in der die jungen Devas in eine Kinderwelt eintreten, wo sie sehr behutsam umsorgt werden — nicht von ihren Eltern, sondern von den Schutzengeln dieses Bereiches. Mit Hilfe von Spielen und sanften Ermahnungen bereiten diese die *Zephyrkinder* darauf vor, all die Tätigkeiten und Entwicklungen, die jedem einzelnen bevorstehen, freudig zu erwarten und zu genießen. Schon zu einem frühen Zeitpunkt unterweist man sie darin, während ihrer Spiele auf den Luftströmen zu reiten. Man lehrt sie, in Willen und Bewußtsein ein Bild des Schöpfers zu tragen, Der ihre luftigen Leben aushauchte und Der sie über die Winde und die großen Luftströmungen leiten und beeinflussen wird. In ihrer Jugend beobachten die *Zephyre*, während sie lernen, auf den Wogen der Lüfte dahinzuschweben, Menschen, Tiere und Gegenden, die sie später noch intensiver werden in ihre Aufgaben einzubeziehen wünschen. Ist ihr Wachstum vorangeschritten und ihre Erinnerung verläßlich und beständig, werden sie jene Plätze, die sie einst anzogen, erneut besuchen. Eines Tages werden sie sich dann zu einem großen Wohltäter jener Gegenden entwickelt haben, indem sie notwendige klimatische Änderungen bewirken.

Den erwachsenen *Zephyren* ist, in ihren ätherischen Körpern, eine ähnliche Intelligenz wie den Menschen zu eigen. Jedoch fehlt ihnen jede Art niederer Motive, die egoistischen Wünschen und dem persönlichen Willen entspringen. Diese selbstlose Willensausrichtung ermöglicht es ihnen, in ihrem jetzigen Entwicklungszustand, auf gewisse Weise die Möglichkeiten der Menschheit zu einem Dienst auf gleicher Ebene zu übertreffen.

Die Tätigkeit der jungen *Zephyre* beschränkt sich auf das Reiten der Winde. Sind sie älter, lernen sie, diese zu beherrschen, indem sie sie antreiben oder zügeln, denn die Lüfte könnten, sich selbst überlassen, zerstörerisch wirken. Der Hauptdienst eines vollentwickelten

Zephyrs liegt darin, mächtige Ströme der Solar- und Pranastrahlung abzulenken, die auf die Erde zielen. Um einen Einfluß auf die physische Welt auszuüben, müssen sie auf der ätherischen Ebene in einer Weise tätig werden, die darin besteht, in Gebieten, die sie mit ihrer Liebe und Anwesenheit beglücken, zu starke Aufladungen zu normalisieren. Ihre Körper ändern die Farbe zeitweise, wenn sie starke Überladungen durch Absorbieren bestimmter Elemente ausgleichen. Einige von ihnen erscheinen als schimmernde, glitzernde, kristallartige Wesen. Innerhalb von vierundzwanzig Erdenstunden mögen sie einen Saphirton oder die strahlende Färbung des Morgens, gelb-orange, annehmen. Die aufgenommenen solaren Energien werden dann in Gebieten, in denen daraus keine Störung erwächst, freigesetzt.

Es wäre schön, würdest du dich bisweilen der *Zephyre* erinnern, die auf ihre spielerische und fröhliche Art über alle menschliche Vorstellung hinaus tätig sind. Sie dienen im allumfassenden Haus ihres Vaters, helfend, ohne anderen Willen oder Wunsch, der sie derart auszufüllen vermöchte.

Nun wollen wir uns mit den *Sylphen* beschäftigen, älteren, weiseren und fortgeschritteneren Bewohnern dieses Reiches. Wolltest du diese Lebensform betrachten, die *Sylphe* würde dir aufgrund ihres Arbeitsfeldes als in der Atmosphäre schwebend erscheinen. Es sind Luftdevas, deren Körper, in aufrechter Haltung, an die menschliche Gestalt erinnert. Ihre Größe schwankt zwischen einem und eineinhalb Metern. Wie alle, die devischen Ursprunges in dieser Welt sind, existiert ihr niedrigster Körper, der ätherische, zumindest fünfhundert Jahre. *Sylphen* besitzen, obwohl sie noch nicht die Stufe der Engel erreicht haben, eine wunderbar ausgeprägte Mentalität. Sie sind bei weitem intuitiver als die meisten Schüler der Eingeweihten auf Erden, und ihre Empfänglichkeit für höhere Wesenheiten erblüht spontan und aus vollem Herzen.

In die ätherische Umhüllung der Erdatmosphäre gelangen hunderte von Strahlen, meistens von der Sonne — zudem gibt es etwas weniger als vierzig spezielle kosmische Strahlungen, die in unsere Atmosphäre eindringen. Die *Sylphen* arbeiten mit den ätherischen Energien, die durch die solaren und kosmischen Kräfte geschaffen werden. Es liegt nicht in ihrer Macht, die innere Verstärkung dieser Strahlen zu verhindern, doch besitzen sie die Fähigkeit, eine Art weiten inneren Schutzschildes zu schaffen, der wie ein Schirm wirkt, so daß die Strahlung nur in abgeschwächter Form einzudringen vermag. Ganz dem Bedürfnis eines Baumes, Hügels, Berges oder Dorfes angepaßt, erschaffen die Sylphen in individueller oder gemeinschaftlicher Arbeit eine Anzahl wunderschöner Schirme aus ihrer eigenen ätherischen Substanz. Die Beständigkeit eines solchen Schutzschildes wird bestimmt durch die Erkenntnis seines Erbauers über die Länge der Zeit, die die betreffenden Strahlungen in jener Gegend vorherrschen werden. Aufgrund ihrer Arbeit liegt in bestimmten Berggebieten oder Hügellandschaften eine mangelnde oder überhöhte Prana- oder Ozonansammlung vor. Jenen Plätzen, die die soeben erwähnten Elemente besitzen, wird eine stärkere Zufuhr solarer und kosmischer Kräfte zuteil.

Die nächste Gruppe, die über ihnen steht, und in welcher sich ein Deva zu einem Engel wandelt, ist die Gruppe der "Hüter der Lüfte"; doch mit den fortgeschritteneren dieser Wesen wollen wir uns später erst beschäftigen.

Jene Wesenheiten, die in dieser Ordnung unmittelbar nach den *Sylphen* kommen und die Devaschaft hinter sich gelassen haben, somit zum Engel aufstiegen, werden "Engel der Winde der Natur" genannt. In den höheren Ebenen ist ihnen der Name *Cilarae* zu eigen. Ein einzelner Engel dieser Gruppe trägt demnach den Namen *Cilarael*.

Es wäre ratsam für dich, dir die Eigennamen dieser großen Intelligenzen einzuprägen, damit du sie direkt anzusprechen vermagst, falls du einmal ihres besonderen Dienstes bedarfst. Die eben erwähnte Engelgruppe der Lüfte hat Gewalt über die Luftströmungen, die durch die Erdrotation verursacht werden. Diese umfaßt die allgemeinen West-, die Äquator- und andere Winde, die in einzelnen Landstrichen bekannt sind. Da sich Luftströmungen in ständiger Bewegung befinden, sind es fast 'Flüsse der Lüfte'. *Cilarae* sind Wächter — unbeirrbare Hüter der endlosen Ströme. Einige ziehen die Westwinde vor — andere die ungeheuren Kräfte am Äquatorgürtel. Entsprechend ihrer Entwicklung reicht die Größe dieser Wesen in aufrechter Haltung von fast drei bis zu dreieinhalb Metern. Jedoch, wie viele ihrer Mitbewohner, findet man sie in den Luftströmen, für die sie die Verantwortung tragen, eher in schwimmender oder treibender Haltung.

Manchmal bewegen sich die Intelligenzen, die über bestimmte Winde wachen, weiter als drei- bis fünftausend Kilometer, um ein angestrebtes Ziel zu erreichen. Die meisten der Windwesenheiten besitzen ein Heimatland, in welches sie nach Abschluß ihrer Mission zurückkehren.

Die Mitglieder jener Gruppe, welche die Küsten Amerikas bevölkern und das Aufkommen von Stürmen oder den Wechsel des Wetters beeinflussen, werden *Murmlo* genannt. Das Wort "murmeln" wurde von diesen Helfern inspiriert, die sich mit dem Rauschen der Meere und Ozeane der Lüfte beschäftigen. Die *Murmlo* stehen auf gleicher Entwicklungsstufe wie die *Cilarae*, doch ihre Aufgaben sind sehr verschieden. Hier handelt es sich um Intelligenzen, die in ständiger Wachsamkeit für die Bedürfnisse der Erde leben. Bisweilen arbeiten sie für einige Tage — nach irdischem Maßstab —, um eine gewünschte Wetteränderung herbeizuführen. Natürlich werden ihre Bemühungen durch den Luftdruck und die Temperatur in den Gegenden, in denen sie sich aufhalten, beeinflußt. Dann wiederum mag es nicht möglich sein, daß rein natürliche Hilfsmittel ausreichen, einen Sturm zu entfachen. Aus diesem Grund schaffen sie, wie die *Sylphen*, gigantische ätherische Formationen, die in jener Welt sehr an physische Wolken erinnern. Diese übernatürlichen Gebilde verursachen eine Änderung der bisherigen Bedingungen, damit nun ein Sturm aufkommen kann. Sie ändern also den Luftdruck, indem sie ihn erhöhen oder erniedrigen, um günstige Verhältnisse entstehen zu lassen. Solange die Atmosphäre nicht von negativen, zerstörerischen Kräften erfüllt ist, die zur Gewalt drängen, sind die *Murmlo* in der Lage, aufgrund ihrer Vorausschau und Weisheit, die Luftströmungen betreffend, die erwünschten Änderungen herbeizuführen. Den *Murmlo* und *Cilarae* sind jüngere Geschwister anvertraut, die *Zephyre* und *Sylphen* eingeschlossen. Zu Zeiten von Stürmen werden letztere jedoch aus den betroffenen Gebieten fortgeschickt, denn nur die fortgeschritteneren Engel bleiben zurück. Verwüstungen entwachsen auf der Erde den niederen Emotionen und Gedanken der Menschheit, ihren Grausamkeiten und Perversionen. Zerstörerische Kräfte wenden sich Gegenden zu, in denen sie sich am leichtesten festzusetzen vermögen. Solche negativen, ätherischen Energien wachsen so stark an und tragen in sich eine derartige eruptive Gewalt, daß es fast gebietend erscheint, ihren Ausbruch nicht länger aufzuhalten. Daher sind die Taifune und Orkane als notwendige Freisetzungen zerstörerischer ätherischer Elemente anzusehen. Zu solchen Zeiten hat alles konstruktive ätherische, astrale und mentale devische Leben die betreffenden Gebiete zu verlassen. Nur die Führer und die stärksten *Murmlo* verharren als Wachposten in sicherem Abstand, indem sie die Entladung dieser "Pandora-Kräfte" aus der ätherischen Anstauung der Erde beobachten. Es handelt sich um eine andere Evolutionslinie, die hier durch Zerstörung wirksam wird. Obgleich es in der Absicht jenes Entwicklungspfades liegt, möglichst viel auf der Erde zu zerstören, zwingt sie die rasche Freisetzung der negativen Elemente dazu, zu erkennen, wie begrenzt sie, vom irdischen Standpunkt aus betrachtet, ihre Macht nur einzusetzen vermögen. Sobald der Sturm nachläßt, wird der *Große Murmlo* Seine tausend und abertausend Deva-Helfer erneut herbeirufen. Diese

Wächter- und Hohen Engel des Windes sind ausschließlich männlicher Polarität. Wann immer eine Katastrophe auf der physischen Ebene hereinbricht, wann immer ein Erdbeben, ein verheerender Sturm oder ähnliche heftige Naturereignisse die Menschen bedrohen, so liegt der Grund darin, daß Intelligenzen der Natur — die dem Erd-, Luft-, Feuer- oder Wasserelement angehören können — durch Entweihungen egoistischer Erdenbewohner angegriffen wurden. Dabei kommt keine Haltung der Bestrafung oder der Vergeltung auf, denn nicht sie verursachen die Zerstörungen. Sie ziehen sich einfach zurück, um den Weg für die Läuterung von jenen Kräften zu ermöglichen, damit nicht der ganze Plan zerbricht. Letzteres würde dann geschehen, wenn sich die massigen Formationen anhäufen und vergrößern würden, ohne eine Entladung zu ermöglichen. Kommt in Gebieten die Gefahr eines Erdbebens auf, sollten sich die Bewohner dieser Gegenden speziell von Egoismus, Falschheit und Haß läutern. Vom inneren kausalen Bereich her betrachtet, handelt es sich bei Orkanen um die Launen, Vorurteile und Energien der Habsucht eines großen Teiles von Bewohnern dieses physischen Planeten.

Die emotionale Wankelmütigkeit, Vorurteile und der Haß des Menschen ziehen Bedingungen, die z. B. Überflutungen begünstigen, in jene Gegenden an, in denen diese Grundeinstellung vorherrschend ist. Fluten treten trotz vorbeugender Maßnahmen auf, da sich die negativen Emotionen derart angestaut haben, daß ein Ausbruch unvermeidlich ist. Um Überschwemmungen entgegenzutreten, muß zuerst ein Wandel im Bewußtsein der Menschen erreicht werden, bis kein Rassenhaß mehr aufzukommen vermag, und sie über dem Jammer und Zwist ihrer menschlichen Natur stehen. Hat der Mensch seine niederen Leidenschaften im Griff, werden die Flüsse sanft dahinfließen, ohne die Gebiete, durch die sie strömen, zu zerstören.
Es gibt "Engel der Elemente", die ausschließlich mit einem Element arbeiten und eine große Anzahl, die sich mit mehreren gleichzeitig

beschäftigen. Je höher die Stufe ist, die der Helfer bereits erklommen hat, um so komplexer wird seine Aufgabe ausfallen. "Devas des Blitzes" (und die Engel dieser Gruppe) stehen unter dem Einfluß Planetarischer Intelligenzen, die die Bedürfnisse der Erde von verschiedenen Ebenen her betrachten. Fehlen ihr bestimmte Elemente oder wiegen die Verunreinigungen der ätherischen oder niederen Astralen Ebene schwer, wird der Blitz angezogen. Der Name "Elektrische Engel" wird oftmals denen gegeben, die sich mit Magnetismus und den Kräften der Elektrizität beschäftigen. In der Welt der Devas werden sie *Speeriel* genannt. Befindet sich das Bewußtsein der Menschheit auf einer einheitlicheren Stufe, wird sie das Wissen über die Nutzbarmachung und Kontrolle dieses gewaltigen Elementes direkt von jener Engelgruppe erhalten.

Bei der Gruppe der Luftgeister handelt es sich um hochentwickelte Engel, wobei dies eine allgemeine Bezeichnung ist, wie etwa auch "Engel des Karma". Bei den erstgenannten Engeln gibt es zahlreiche Untergruppen — darunter zwei Haupt- und drei Nebengruppen, die sich um die Atmosphäre und das Wetter bemühen. Die Aufgabe der meisten dieser Engel besteht darin, die jeweils notwendigen atmosphärischen Bedingungen zu schaffen. Sind Schnee, Regen oder Nebel von Nöten, rufen sie die Kräfte der *Murmlo* und *Neentel*, welche die Bedingungen für einen Sturm zu schaffen vermögen. Die *Neentel* sind eine kleinere Schar aus den Reihen der Luftigen, deren Dienst darin besteht, bestimmte Rhythmen des Wetters in den verschiedenen Jahreszeiten zu kontrollieren. Diese wiederum sind für die Muster der Schneeflocken und der Eiskristalle verantwortlich.

Bei den *Feeli* handelt es sich um weitere Mitglieder der Gruppe der Luftgeister, die dafür verantwortlich sind, daß es den Meeren möglich ist, Wasser über die Verdunstung freizusetzen. Eine weitere Schar kontrolliert und überwacht die Vermischung von Luft- und Wasserelement. Sprichst du nur allgemein von den Luftintelligenzen, nenne sie die Luftgeister. Wirst du mit einer ernsten Wetterlage

61

konfrontiert, wende dich an Christus, die *Murmlo* erwähnend. Befindest du dich in einer besonderen Notlage, wende dich an den Allmächtigen Gott, doch schließe stets die speziellen Engelgruppen ein, denen die jeweilige Hilfe zuzuordnen ist.

In der Stratosphäre der Erde und aller ähnlichen Planeten sind die höchsten Intelligenzen des Luftreiches anzutreffen. Ihre Inseln in den Lüften sind endlos; ihre Heiligtümer mit ihrem ewigen Frieden liegen jenseits des menschlichen Vorstellungsvermögens. In jenen Bereichen verweilen die *Tija*. Ihre Entwicklungsstufe ist das bisher Erwähnte überragend — Meistern und Herren gleichende Wesenheiten, die sowohl das sanfte als auch das starke Geschlecht repräsentieren. Alle Anweisungen und Entscheidungen, die das Klima, den Regen und die Fruchtbarkeit der Erde betreffen, fallen in diesen Räumen der *Tija*. Einige aus ihren Reihen gehören dem Wasserreich an. Die meisten von ihnen stehen oberhalb der Ebene der Erzengel.

X. Wesenheiten der Wasserwelt

Nun wollen wir unsere Aufmerksamkeit den Wesen der Wasserwelt zuwenden. Von allen Reichen beherbergen diese die lebendigsten, emotionalsten und wandelbarsten Devas; zumindest scheinen sie es bis zum Erreichen der Engelwürde zu sein. Da das Wasser, im Gegensatz zum Land, eine so große Fläche der Erde bedeckt, finden sich in den ätherischen Ebenen, verglichen mit den anderen Reichen, eine größere Zahl an Wasserwesen. Doch die meisten Planeten werden von der Astral-, Mental- und Kausalebene her beeinflußt, auf denen sich eine entsprechende Anzahl von Menschen und Devas befindet, die hilfreich zusammenarbeiten.

Die jüngsten Formen der Wasserwelt werden *Meereströpfchen* genannt. Ihr Name leitet sich von ihrem Wirkungskreis ab, und sie sind kaum größer als der Tropfen Wasser, den sie beseelen. Bei diesen winzigen Wesen handelt es sich um Wasserelementale. Sind sie für speziellere Aufgaben bereit, erheben die Engel des Wasserreiches diese über das Prinzip der Verdunstung in die Lüfte und führen sie über den Regen in die Gebiete, in denen sie benötigt werden. Nach einer Zeit zieht es sie in die Nachbarschaft von Quellen, Flüssen und reißenden Strömen. Oder sie sickern ab in die unterirdischen Flüsse und Seen, von denen die Wasserversorgung auf Erden abhängig ist. Fallen die *Meereströpfchen* während eines Regenfalls in einen Bach, werden sie die meiste Zeit ihres Lebens als *Meereströpfchen* mit diesem oder einem anderen Fluß verbunden bleiben. Sie wirken auf der ätherischen Ebene, indem sie es den Elementen ermöglichen, sich im Wasser zu lösen. Ein stufenmäßiger Entwicklungsprozeß läßt sie zu einer anderen sehr jungen Evolutionsstufe aufsteigen, die als *Wasserkobold* bekannt ist. In dem Umwandlungsschritt vom *Meereströpfchen* zum *Wasserkobold* ändert sich auch ihre Größe und ihr Aussehen. Die *Kobolde* sind circa zwanzig Zentimeter groß. Sie kennen keinen persönlichen Lebenssinn, obgleich sie, wie alles Leben in der Entwicklungslinie der Devas, zum Zwecke der Evolution dieses Planeten eingesetzt werden. Sie bewegen sich durch die Führung der entwickelteren Wesen fröhlich im Wasser, voller Vorfreude auf das Meer, dem sie sich nähern, und in gänzlicher Selbstvergessenheit.

Aufgrund der Eingebungen von *Meereströpfchen*, *Kobolden*, *Nymphen* und *Najaden*, dem Meer zuzustreben, bewegen sich die jungen physischen Formen, wo möglich, in dieselbe Richtung. Später werden diese Wesen in ihren ätherischen Körpern durch Verdunstungsprozeß vom Grund des Ozeans, auf dem sie rasten, durch die Lüfte in jene Gebiete getragen, in denen sie von Nöten sind. Ihre Möglichkeiten, in die Gegenden zurückzukehren, in denen sie als *Meereströpfchen* zu Hause waren, nehmen mit der Entwicklung ihrer Intelligenz, Macht und Größe ab.

Viele Wesen im Wasserreich leben unter der Erdoberfläche. Welch ein herrliches Erlebnis stellt der Moment für diese Wesen dar, in dem sie über Quellen und andere Tore ihres Reiches an die Oberfläche gelangen! Höhlen unterhalb der Erdkruste sind von Wesen des Wasserreiches beseelt, die zwölf verschiedene Entwicklungsstufen der ätherischen Dimension repräsentieren. Die höchste Stufe haben die *Nereiden* erreicht, die von wundervoller Größe sind und die schimmernde Mondenfarben tragen, wie sie in der Wasserwelt vorzufinden sind. In den unterirdischen Höhlen herrschen die weiblichen Engel als Wächter vor. Dies trifft auch oberhalb für alle ruhigen Plätze zu, wie Teiche oder Seen. Gelegentlich wird auch an einem nicht zu hohen Wasserfall eine *Nereide* mit weiblicher Ausstrahlung zu finden sein. In allen anderen Fällen darf man sicher sein, daß der Wächter von gewaltigen, sich bewegenden Wassermassen männlicher Polarität sein wird.

Indem die Wasserwesen die Leiter des Wachstums erklimmen, gewinnen sie nicht nur an Größe und Stärke, sondern auch ihre umfassenden intuitiven Fähigkeiten und ihre Empfänglichkeit für den herrlichen *Tija* nimmt zu, der für sie verantwortlich ist, ganz gleich, wo sie ihren Dienst auf diesem Planeten verrichten. Das Leben schreitet von dem zwanzig Zentimeter großen *Kobold* weiter zur *Meeresnymphe*, die sich, speziell im Erdelement, mit den *Heinzelmännchen* vergleichen läßt. Sie ist nur selten größer als ein halber bis dreiviertel Meter. Die Bilder, die sich die Menschen von den *Nymphen* (oder *Nixen*) gemacht haben, entsprechen für den Oberkörper den Tatsachen; doch besitzen sie keinesfalls einen Unterkörper in Reptilien- oder Fischform. Sie haben normale Füße, die gewöhnlich in schwimmender Haltung zu sehen sind, denn, wie die Luftwesen, verbringen sie ihre Lebensspanne, indem sie sich auf der Oberfläche des strömenden Wassers bewegen.

Über den *Nixen* stehen die *Najaden*, die etwa dreißig Zentimeter größer als erstere sind. Wiederum ist auch die Intelligenz gehobener, die Erfahrungen sind konkreter. Mit den *Najaden* setzt der Dienst aus eigener Willensentscheidung ein. Wie die Menschen vielfach glaubten, bereiten die *Najaden* die Ansammlungen frischen Wassers. Der Ort ihres Wirkens wird ständig ein anderer sein, denn einem Wasserwesen unterhalb der Engelsstufe ist es nur selten gestattet, in einer Gegend länger als eine Jahreszeit zu dienen.

Reift ein Wesen des Wassers zur *Najade* heran, so gelangt es damit zur Erkenntnis, "daß die Wasser gereinigt werden müssen, ein Fluß seine Bestimmung besitzt und der Wille des »König des Stromes« bis ins Detail genau erfüllt werden muß." Es würde den Rahmen sprengen, die vielfältigen Aufgaben zu erläutern, denen diese Wesen aufgrund der Anweisungen ihres Königs nachkommen. Es sollen nur ein paar der höheren Aufgabenbereiche erklärt werden.

Der "König des Stromes" ist die am weitesten entwickelte Wesenheit, der das strömende Wasser anvertraut ist. Er selbst gehört jener Gruppe an, die unter der Obhut des "Königs des Meeres" steht und ihren Dienst unter Seiner Anweisung ausführt.

Es gibt in ruhigen Wassern Engel, die den *Nereiden* vergleichbar sind; diesen Gewässern stehen weibliche Wasserengel voran. Die *Nereiden* solcher Seen, insbesondere jene fortgeschrittener Entwicklung, sind gehalten, die Aura des Wassers um die größtmögliche Distanz auszuweiten. Der pazifische Ozean besitzt eine Aura, die sich bis zu den Rocky Mountains erstreckt; jene des Atlantischen Ozeans berührt die östlichen Ausläufer derselben Bergkette. Zahllose junge Leben sind mit der Ausdehnung jener Wasserauren auf dem ätherischen Plan beschäftigt.

Bevor das Ziel des Aufstieges zum Engel am Horizont erglänzt, muß das Leben im Reich des Wassers viel Reibung, Aufregung und Instabilität über sich ergehen lassen. Aus diesem Grund findet sich von allen Reichen in der Welt des Wassers die ausgeprägteste Form von Wetteifer — so zum Beispiel zwischen Flüssen oder weiten Meeren. Nach dem Aufstieg zur *Nereide* entwickelt sich jene umfassende und warmherzige Einstellung, wie sie in anderen Reichen schon in früheren Stufen natürlich ist. Mit der Zunahme der Intelligenz und dem Alter des Planeten werden die jüngeren Entwicklungsformen weniger benötigt und für andere Globen und ihre Evolution eingesetzt. Der Pazifische Ozean besitzt einen männlichen Herrscher, der als "Herr des Meeres" bezeichnet werden kann. Er ist friedliebend, mächtig und von großem Einfluß in Seinem Reich, ähnlich jenen Herren (Lords), die unserer menschlichen Lebenswoge voranstehen. In der Mythologie wurde Er einstmals *Ozeanus* genannt, doch sein wahrer Name ist *Pericus*. Über den Atlantischen Ozean herrscht ein Wesen vergleichbarer Entwicklung, mit Namen *Ceranus*. Der Indische Ozean, das Mittelmeer und all jene Wasser, denen wir Namen gegeben haben, beherbergen eine unendliche Schar sich ebenfalls entwickelnder Helfer, die ihre Aufgaben beständig durch Verdunstung und Abregnen des Wassers verrichten, Prozesse, nach denen dieser physische Erdball dringend verlangt.

Das Oberhaupt der Wesen des Wassers ist ein *Tija*, der mit Seinen Helfern über das Schicksal des zusammenströmenden Wassers und

die Winde, die die notwendigen klimatischen Veränderung herbei-
führen, entscheidet. Der Name des *Tijas*, der über allen anderen Bewohnern der Welt des Wassers steht, ist *Ceetka*.

Es ist gut zu wissen, daß es zudem noch eine ganze Heerschar von
Wesenheiten gibt, die im Rang eines Engelprinzen stehen und die
generell als *Tija* bezeichnet werden. Aus jedem der vier Reiche findet
sich eine gleiche Anzahl unter Ihnen. Der Führer oder König dieser
Schar, dessen engster Helfer aufgrund evolutionär bedingter Entwicklung wechselt, stieg aus der Welt des Wassers auf. Erwähnt man
Ihn, spricht man schlicht von dem großen oder amtierenden *Kö-
niglichen Tija*.

XI. Die Wesenheiten des Feuerreiches

Den Horizont unseres Bewußtseins noch weiter entfaltend, gelangen wir zu den Wesenheiten, die das Feuerreich repräsentieren. Diese Welt ist eng mit den Geistesfeuern verbunden. Dem Element des Feuers entstammen die Intelligenzen, die das Leben der Menschen, der Engel und aller anderen Schöpfungsformen stimulieren und erneuern. Indem wir uns einem Feuerwesen, *Amfri* genannt, zuwenden, betreten wir den Bereich der Reinen Wesenheiten, die tief mit dem Menschen verknüpft sind.

Ein *Amfri* ist ein intelligentes Wesen, das auf einer vergleichbaren Stufe wie ein Schutzengel steht. Dieses glühende, feurige Geschöpf wirkt in der Hauptsache durch die mentale Ebene. Es mag bisweilen in die Astralwelt hinabsteigen, da es immerfort nach sehnsüchtigen Geistesfeuern Ausschau hält, die von den Erdenmenschen ausgehen. Diese Wesenheiten können mit Recht "himmlische Wächter der Geistigkeit" genannt werden. Viele Menschen sind nur während kurzer Momente offen für das Feuerelement; doch in den Augenblicken, in denen all ihre Körper und Bestrebungen auf das eine Ziel gerichtet sind, bietet sich dem *Amfri* die Möglichkeit, in engeren Kontakt mit dem Menschen zu treten. Aus der Göttlichen Quelle und durch den feurigen Impuls wird der Mensch geprägt, und die Harmonie eines inneren Eins-Seins erahnt. Die lichten Feuerwesen suchen beständig nach Verkörperten, die ein starkes Verlangen in sich tragen, das Licht zu schauen. Sie sind Zeugen für die aurischen Feuer, die in kurzen Momenten von Einzelnen aufblitzen. Sie wachen mit einer Liebe über jene Seelen, die der eines Schutzengels ähnelt, und bestärken sie in der Läuterung von all dem Ballast, der jene niederdrückt, verhärtet und vom Gotteslicht absondert.

In seinen lichtesten Momenten ist der Mensch geistig mit den großen Feuerwesen verbunden, die ihm die Befreiung von seiner Gefangenschaft in der Materie verheißen. Nachdem ein Verkörperter geistige Standfestigkeit erlangt hat, erinnert seine Hingabe an einen flammengleichen Lichtbogen, der in seiner Aura erstrahlt. Weitere spirituelle Impulse werden seine Kräfte des Feuerelementes noch strahlender erscheinen lassen, denn die spirituelle Hingabe wird ihn in der dauernden Obhut dieser unvergänglichen Wesenheiten verweilen lassen.

Durchschreitet der Mensch eine Einweihung, nimmt der *Amfri*, der für die geistige Hilfe der Seele gegenüber verantwortlich ist, Kontakt mit einer nächsthöheren Wesenheit auf. Die *Firl* sind noch weiter fortgeschritten als die *Amfri*. Sie wirken nur in der Kausalwelt, ihrer Heimstatt. Hier nutzen hochentwickelte Feuerwesen Energieströme, um dreidimensionale Geschöpfe, die sich bereit und offen zeigen, weiter zu entfalten. Die Kraft der *Firl* tritt an den Menschen heran, wenn dieser aus ganzer Seele nach Reinheit, geistiger Verantwortung und Treue zum Licht strebt. Die *Amfri* bereiten die Erdenbewohner bewußtseinsmäßig und von der aurischen Ausstrahlung her darauf vor, der gewaltigen Aufladung standzuhalten, die jede Haupteinweihung einleitet.

Es ist interessant, sich vor Augen zu halten, wieviele Helfer zur Wiedergeburt einer Seele beitragen. Unter den Menschen sind es zahllose Mitbrüder, die dabei geholfen haben, einen von ihnen zur Erleuchtung zu führen. Bei den Gefährten eines Menschen, die sich in der Verkörperung befinden, mögen es sieben oder mehr sein, die tätig an dem Fortschritt dieses Individuums mitarbeiten. Auf der Seite der Engel, beginnend mit dem Schutzengel, steht eine vergleichbare Zahl himmlischer Helfer bereit, die zur Entwicklung des Menschen beitragen. Es handelt sich um Schutzengel, "Engel des Karma", *Amfri*, *Firl* und andere. In der Gemeinschaft machen es die Engel möglich, im rechten Augenblick einen solaren Energiestrom einstrahlen zu lassen, der das Bewußtsein und das Verhaltensmuster des Menschen, den er durchdringt, verändert.

Während ein *Amfri* auf ein Auflösen des Ballastes durch ein verzehrendes seelisches Feuer bei Seinem menschlichen Schützling bedacht ist, gehört es zu den speziellen Aufgaben eines *Firls*, die seelische (oder elektrische) Taufe zu spenden, ein Prozeß, der über die höheren Körper zum Zwecke der Einweihung abläuft.

Über den *Firl* stehen die *Pitris*, die Väter des Feuers, wie sie auf den inneren Ebenen genannt werden. Diese "Herren des Feuers" haben nur wenig mit menschlichen Problemen oder Erfahrungen zu tun. Ihre Hauptfunktion liegt darin, als verbindende Brücken oder planetarische Botschafter unter der direkten Anweisung des Solaren Logos zu dienen, der die höchste Wesenheit des Feuerelementes in unserem Sonnensystem darstellt. Es gibt zahllose Stufen über den *Pitris*, die zu Gott in seiner umfassenden Bedeutung führen. Auch finden sich Stufen unterhalb der *Amfri*, bis hinunter zum Erfahrungshorizont eines "Feuergeistes", der überhaupt erst die Bedingungen schafft, unter denen aus der Beseelung durch dieses Reich Feuer möglich wird.

Besonders zur Weihnachtszeit solltest du dir vor Augen halten, daß gerade dann die Atmosphäre in der Hauptsache von den Bewohnern des feurigen Reiches durchzogen ist. Sie tragen zu dem glühenden Eifer und der Ekstase bei, die in ihrer abgeschwächten Form zu Glücksgefühlen, in voller Ausprägung zur erhabenen Verzückung führen. Diese hohen Lichtfrequenzen erstrahlen durch jene, deren Reinheit weit über die menschlichen Vorstellungen dieser Tugend hinausreicht.

Die Lebenswogen erregen die Aufmerksamkeit der fortgeschrittenen übermenschlichen Wesenheiten und des Reiches der Engel; gemeinsam entfachen sie das Wachstum, die Schönheit und Lauterkeit des Geistes. Doch vom Reich des Feuers entspringt die Kraft, die den Menschen direkt mit der Göttlichen Quelle verbindet. Erinnere dich dieser Großen Wesenheiten während einer Andacht am Heiligen Abend; und trage in deinem Herzen die Ahnung von der

Wirklichkeit jener Himmlischen Heerscharen, die vollkommener als die *Pitris* sind, deren Hosianna zu dynamischen Energiewogen erbraust und deren Lichterglanz alle Dimensionen durchzieht und erhellt.

XII. Unsere Verehrung für die Engel

Die Wissenschaftler und Denker unserer Zeit begrenzen sich selbst, indem sie nur solche Tatsachen glauben, die sich innerhalb ihrer fünf Sinne abspielen. Die Logik führt nicht nur zu klaren Aussagen, sondern auch in die Irre, indem sie annimmt, daß alles, was sich nicht in die wissenschaftliche Klassifikation einordnen läßt, auch der Wirklichkeit oder des Wertes entbehrt. Sie dient nur einem Bruchteil des Geistes. Vieles liegt jenseits der verstandesmäßigen Schlußfolgerungen — Wahrheiten, die der Verstand niemals wird auszuloten vermögen. Doch sind dem Menschen Fähigkeiten und Kräfte zu eigen, die ihn mit Realitäten vertraut machen können, die in seinem eigenen Selbst leben und über den Intellekt hinausgehen. Das Wenige, was wir über das Reich der Engel wissen, wurde geistig aufgrund höherer Fähigkeiten erkannt, die der Seele so natürlich sind, wie das Denken für den Verstand.

Wie selten beschäftigen sich selbst jene, die spirituell interessiert sind, mit den Intelligenzen, die unsere Entwicklungsstufe weit überragen. Die Menschen lassen sich zu leicht in ihre erdgebundenen Interessen verstricken. Auch haben es die orthodoxen Lehren versäumt, sie anzuleiten oder zu ermahnen, über die Hilfe jener höheren Wesen zu reflektieren.

Trotz des Desinteresses der Massen liegen genügend Hinweise vor, geistige Sucher an Wesen mit bemerkenswerten Fähigkeiten heranzuführen und sie mit ihnen vertraut zu machen.

Sokrates, Plato und Pythagoras verehrten diese Strahlenden Wesenheiten, die dem Göttlichen Evolutionsplan dienen.

Unsere christliche Bibel erwähnt insgesamt zweihundertfünfundneunzig Mal die Existenz und Tätigkeit von Engeln. Diese wiederholten Hinweise verdeutlichen deren Wirklichkeit und Wert für die ganze Menschheit. Es seien hier einige Bibelstellen angeführt, die über die vielfältigen Wege der himmlischen Eingriffe in menschliche Angelegenheiten berichten:

"Der Engel des Herrn umschirmt alle, die ihn fürchten und ehren, und er befreit sie." (Ps 34,8)

"Der Herr, ..., wird seinen Engel mit dir schicken und deine Reise gelingen lassen." (Gen 24,40)

"Ich werde einen Engel schicken, der dir vorausgeht, Er soll dich auf dem Weg schützen und dich an den Ort bringen, den ich bestimmt habe." (Ex 23, 20)

"Plötzlich trat ein Engel des Herrn ein, und ein helles Licht strahlte in dem Raum. Er stieß Petrus in die Seite, weckte ihn und sagte: „Schnell, steh auf!" Da fielen die Ketten von seinen Händen. Der Engel aber sagte zu ihm: „Gürte dich und binde deine Sandalen!" Er tat es. Und der Engel sagte zu ihm: „Wirf deinen Mantel um und folge mir!" (Apg 12,7-8)

Johannes berichtet von seinen Eindrücken als einer, der direkten Kontakt, von Angesicht zu Angesicht, mit den Heiligen Wesen Gottes hatte:

"Und ich sah: Ein mächtiger Engel rief mit lauter Stimme aus: „Wer ist würdig, die Buchrolle zu öffnen und ihre Siegel zu lösen?" (Offb 5,2)

"Und ich sah: Ein anderer mächtiger Engel kam aus dem Himmel herab; er war von einer Wolke umhüllt, und der Regenbogen war über seinem Haupt. Sein Gesicht glich der Sonne, und seine Füße glichen Feuersäulen." (Offb 10,1)

"Ich, Johannes, habe dies gehört und gesehen. Und als ich es hörte und sah, fiel ich vor die Füße des Engels, der mir dies zeigte, nieder, um ihn anzubeten." (Offb 22,8)

"Und ich sah: Sieben Engel standen vor Gott; ihnen wurden sieben Posaunen gegeben. Und ein anderer Engel kam und trat mit einer goldenen Räucherpfanne an den Altar; man gab ihm viel Weihrauch — das sind die Gebete aller Heiligen — , damit er ihn auf dem goldenen Altar vor

dem Thron darbringe. Aus der Hand des Engels stieg der Weihrauch vor Gott empor; das sind die Gebete der Heiligen." (Offb 8,2-4)
Mohammed schöpfte vieles von seinen Lehren, die man im Koran finden kann, aus der Quelle der Engel. Emanuel Swedenborg verdankte denselben Heerscharen viele der Offenbarungen, die ihm geschenkt wurden. Joseph Smith erhielt seine Informationen zur Gründung der Religion der Mormonen von den Engeln.

In unserem christlichen Glauben werden neun große Stufen der Evolution der Engel erwähnt — Engel, Erzengel, Herrschaften, Mächte, Gewalten, Fürstentümer, Throne, Cherubim und Seraphim. Uns sind vier Erzengel bekannt — die *Erzengel Michael, Gabriel, Raphael* und *Uriel.* Seit dem fünften Jahrhundert n. Ch. wurde das Fest der Engel am 29. September begangen. Dieses wird Michaeli genannt, zur Ehre des streitenden Erzengels, des großen Verteidigers all jener, die Gott lieben. Seine besondere Mission besteht darin, alle Boten Christi von der inneren Seite her zu beschützen und die spirituellen Zentren zu bewachen. Allein in Cornwall, in England, gibt es zweiunddreißig Gebetsstätten, die zur Ehre des *Erzengels Michael* gebaut wurden.

Im Buch Henoch (Kapitel 41) berichtet uns der Autor davon, wie zahllos die heiligen Wesenheiten sind, die dem Herrn dienen. *"Ich erblickte tausend und abertausend, zehntausend mal zehntausend ... ich sah eine Zahl vor dem Herrn des Lebens, die jede Vorstellung weit übersteigt."*

Da wir die Nutznießer der Segnungen dieser zahllosen himmlischen Helfer sind, sollten wir öfters einhalten, um über die häufigen Begegnungen mit den Reihen der Engel zu meditieren, auch wenn wir ihre Anwesenheit noch nicht zu erschauen vermögen.

Die Menschen nehmen die Segnungen und Kraftströme der Engel während jeder kritischen oder intensiven Phase ihres Lebens auf. Das bedeutet, daß wir bei der Geburt, bedeutenden religiösen Riten, der

Heirat, dem Sterbevorgang und anderen herausragenden Gelegenheiten von den Strahlenden Wesen begleitet werden.

Ernsthaften Suchern, die in Gebet oder Meditation nach geistiger Anleitung verlangen, wird himmlische Hilfe und Kraft zuteil. Nahezu jeder Bereich menschlichen Strebens, wenn nicht gar alle, erhält mentale und inspirative Anregung von den Heerscharen der Engel. Besonders bei den schöpferischen Künsten läßt sich dieser Einfluß aufzeigen, auch bei Vorträgen, der Schriftstellerei, Erfindungen und anderen Formen öffentlichen Nutzens. Natürlich weilen die himmlischen Heerscharen in weit höheren Bewußtseinsebenen als wir. Jeder Schritt, mit dem wir nach oben klimmen, jedes innere Wachsen, bringt uns ihnen näher und verhilft uns zu einer größeren Sensitivität für ihre Anwesenheit. Wir können sehr viel tun, um offener für die Strahlenden Wesen und ihre Dienste zu werden, indem wir:

1. Sie in unseren Glauben einschließen.

2. Unser Wissen über sie beständig erweitern und vermehren.

3. Gott und dem Herrn Christus gegenüber ehrfürchtiger werden, und damit unser Bewußtsein weiter auf ihre Schwingung einstimmen.

4. Ein ernsthafteres und reineres Leben führen — sie damit durch unsere Ausstrahlung eher willkommen heißen, als sie zurückzustoßen.

5. Ihre Hilfe und Stärkung im Namen Christi erbitten.

6. Wir eifrigere Betende und Meditierende werden.

7. Wir danach streben, ein selbstloses Leben zu führen, und damit dem Göttlichen Reich des Lichtes, der Liebe, des Friedens und der Freude zur vollen Entfaltung verhelfen.

Nur verstärkte Weisheit, Führung und Kraft vermag uns durch die Weltkrisen zu geleiten. Diese Hilfe kann am besten von den Helfern der Engel geleistet werden, die das Böse nicht nur bekämpfen, sondern auch läutern. Indem wir bewußt unsere irdischen Angelegenheiten in die Hände von Gottes reinen Boten legen, wird die

Menschheit befähigt werden, die Wolken der Unwissenheit und des Bösen zu vertreiben, um so den Weg für das Licht, die Harmonie, die Bruderschaft und den Fortschritt freizumachen.

Wir sollten das Versprechen wörtlich nehmen: *„Denn er befiehlt seinen Engeln, dich zu behüten auf all deinen Wegen."* (Ps 91,11) Es findet sich kaum ein Bereich in unserer Evolution, der nicht von den Himmelsboten betreut wäre.

Engel unterstützen Heilung und Erleuchtung. Sie läutern und erneuern für uns die Schwingungen des Göttlichen Lichtes, wann immer wir die Bedingungen schaffen, die uns bereit machen für ihre Hilfe.

Es gibt Engel, die speziell jedem der sieben Strahlen, jeder der sieben Wurzelrassen, der sieben Dimensionen, den sieben Sinnen und den sieben Einweihungen und Erleuchtungsstufen zugeordnet sind, die der Mensch auf seinem Weg zurück zu Gott durchschreitet.

Es sollte zu unserem größten Wunsch erwachsen, als ihr Kanal zu dienen, damit ihr segensreiches Wirken und ihre Schwingungen die Welt zu beeinflussen vermögen.

Ein Zeitalter wird erblühen, in dem die allgemeine Verehrung für die himmlischen Heerscharen ein öffentlicher und gerngesehener Teil der christlichen Glaubensäußerung sein wird. Möge Gott das notwendige Erwachen beschleunigen, indem jene, die sprituelle Pioniere aus vollem Herzen sind, diese herrliche Wirklichkeit in ihre tägliche Verehrung Gottes einschließen.

Anhang

Die Zahlen in ( ) verweisen auf die Erklärungen im Text.

Allrays   Engel der Gipfel (50)

Allsees   Meister der Devas, die über den Allrays stehen (50)

Amenlee   A. gehören zu den Engeln des Schicksals, stehen im Rang eines Schutzengels und kümmern sich um unverbesserliche Menschen. (36)

Amfri   Wesen, einem Schutzengel vergleichbar, das in der Feuer-Evolution lebt und in der Hauptsache auf der mentalen Ebene wirkt. (68)

Aqui   Die A. sind höchstentwickelte Engel, die sich um das Tierreich kümmern. (40)

Budiel   Engel, die für den Fortschritt und das Wachstum der individuellen Aspekte einzelner Tierarten verantwortlich sind. (40)

Ceetka   Tija (siehe auch dort), der über alle Bewohner der Welt des Wassers wacht. (67)

Ceranus   Herrscher des Atlantik (65)

Chalkydri   Nach Henoch Diener des Geistes der Wahrheit (Engel). (10)

Chayoth   siehe Chalkydri (10)

Cherubiel   Oberhaupt der Cherubim (24)

Cherubim   Über den Chohi (siehe auch dort) stehend und auf der Seelenebene wirkend. (24)

Chohi   Ch. stehen über den ”Erleuchteten”, auf der gleichen Stufe mit den ”Engeln der Gegenwart Christi”. (24)

Cilarae   In den höheren Ebenen der Name für die ”Engel der Winde”. (56)

Elfen   Etwas größere Wesen als die Frakins. Sie verrichten ihren Dienst an kleinen Pflanzen. (48)

Engel	E. der Anbetung (9)
	E. der Religionen (9)
	E. der Liebe (9)
	E. des Gebetes. Sie stehen eine Stufe über den Engeln der Anbetung. (15)
	E. der Gegenwart Christi. Sie befinden sich eine Stufe über den "Engeln des Gebetes", am Beginn der Erzengelentwicklung. (16)
	E. der Weisheit (23)
	E. der Einweihung, auch die "Erleuchteten" genannt. (23)
	E. des Schicksals, auch Engel des Karma genannt. Sie wachen über karmische Gesetze. Die jüngsten Wesen dieser Entwicklung werden als "Beschützer" bezeichnet. (25)
	E. der Geburt und des Todes. Sie begleiten, segnen und beraten die sich zu einer neuen Inkarnation vorbereitenden Seelen — sie empfangen die Seelen beim Überschreiten der Schwelle am Ende ihres Erdenlebens. (26 ff.)
	Engel der Elektrizität. Sie wachen über die Kräfte des Magnetismus und der Elektrizität. (60)
	Engel der Winde. Wesenheiten, die erst seit kurzem vom Deva zum Engel aufgestiegen sind. (56)
Erwecker	Engel, die sich der Verbreitung spirituellen Wissens geweiht haben. (21)
Erzengel	E. Michael. Er gehört zu den wachenden E. der "Streiter Gottes".
	E. Mentiel. Er wacht über dem Altar der Kirche in Questhaven und gehört zu den "Engeln der Gegenwart Christi". (16)
Feeli	Luftgeister, die für die Verdunstung des Wassers in den Meeren verantwortlich sind. (60)
Fireal	Engel der Inspiration, die in höheren Ebenen wirken.(23)
Firl	Feuerwesen der Kausalwelt, die an den Menschen herantreten, wenn dieser in wahrer Lauterkeit geistig bemüht ist. (69)

Folatel	Engel der Natur, die für das physische Wohl der Tiere sorgen. (40)
Frakins	F. gehören zur Erdgruppe der Deva-Evolution. Sie sind deren jüngste Wesen und beschäftigen sich mit dem Ätherkörper der Erde. (47)
Gnome	G. zählen zu den ältesten Naturgeistern. Sie sind größer als die Frakins und gehören in ihrer Welt zu den entwickeltsten Wesen. (48)
Imli	Engel in höheren Dimensionen. (24)
Kindel	Engel des Karma, die hohe Verantwortung für die gesamte Evolution tragen. (31)
Meereströpfchen	Vergleichbar mit den Winzlingen (siehe auch dort). M. befinden sich in der Welt des Wassers. (52)
Murmlo	Wesenheiten, die das Aufkommen von Stürmen und den Wechsel des Wetters beeinflussen. Sie stehen auf gleicher Entwicklungsstufe wie die Cilarae. (57)
Najaden	Wasserwesen, die über den Nixen stehen und die Aufbereitung frischen Wassers überwachen. (63)
Neentel	Wesenheiten, die bestimmte Rhythmen des Wetters in den verschiedenen Jahreszeiten beaufsichtigen. (60)
Nereiden	Wasserwesen, die sich um die Aura des Wassers bemühen. (63 ff.)
Nymphen	Wasserwesen, ähnlich wie Nixen. (63)
Ophanim	Nach Henoch Diener d. Geistes der Wahrheit.(Engel)(10)
Oreaden	O. stehen über den Gnomen und tragen die Verantwortung für die höheren Formen der pflanzlichen Entwicklung. (50)
Ozeanus	Mythologischer Name für den "Herrn des Meeres", des Herrschers über den Pazifik, dessen wahrer Name *Pericus* ist. (65)
Pentee	Gruppe von Devas, zuständig für die Entwicklung der Fische. (45)

Pericus	siehe Ozeanus (65)
Phoenix	Nach Henoch Diener d. Geistes der Wahrheit.(Engel)(10)
Pitris	Die "Herren des Feuers". Sie wirken als planetarische Botschafter, unter der Anweisung des Solaren Logos. (70)
Remliel	Name für eine Gruppe der himmlischen "Erwecker" (siehe auch dort) (21)
Seezal	Gruppe von Devas, die jener der Peentee entspricht. Sie wachen über fortgeschrittene Vögel, indem sie die Grundlinien der Fortpflanzung und des Vogelzuges festlegen. (46)
Seraphael	König der Seraphim (24)
Seraphim	Himmlische Wesen mit göttlichem Bewußtsein (15)
Speeriel	Devas, die sich mit der Energie der Elektrizität befassen. (60)
Sylphen	Luftgeister, in der Atmosphäre schwebend. Sie arbeiten mit ätherischen Energien. (55)
Tawanel	Große Engel, die die Akasha-Chronik verwalten und sich auf der Stufe der Erzengel befinden. (30)
Tija	Hochentwickelte Wesenheiten, die Entscheidungen hinsichtlich des Klimas und der Fruchtbarkeit der Erde betreffen. Die meisten von ihnen stehen oberhalb der Ebene der Erzengel. (61)
Twan Devas	Sie überwachen die Evolution der Arten innerhalb des Wasserelements. (45)
Twilvee	Devas, deren Interesse sich auf spezielle Vogelarten richtet. Ihnen ist der innere und äußere Aspekt der Vogel-Evolution anvertraut. (46)
Wasser-kobold	Höhere Entwicklungsstufe der Meereströpfchen. (62)
Winzlinge	Elementarwesen des Luftreiches von äußerst geringer Größe. (52)
Zephyr	Zweitjüngstes Mitglied des Luftreiches. Z. reiten auf den Winden und beeinflussen diese. (53)